JN044888

# 保護者の
# 理解と支援
## 教育と心理の立場から

鈴木朋子・伊東純太 編著

田研出版株式会社

# はじめに

　本書は，保護者を理解し支えたいと考える教員，心理士，そしてそのような仕事に就きたいと考える人のための本です。この本が誕生したのは，編者たちが出会った二つの疑問がきっかけでした。

　最初の疑問は，保護者対応という言葉への疑問です。最近，教員が保護者へどのように対応すべきかについてまとめた本や記事を多く見かけるようになりました。この背景には，慎重な対応が求められる一部の保護者についてマスコミなどでセンセーショナルに取り上げられるようになったことがあるのでしょう。保護者対応という言葉には，深く関わらずに無難に対応して済ます，という意味が含まれているように感じられます。

　しかし，保護者は，無難に対応すべき存在でしょうか。教員にとっても，心理士にとっても，保護者の多くは子どもの学びと育ちのパートナーです。保護者との関わりは，負担が大きいことばかりではなく，子どものよさは保護者のこのようなところから出てきたのかと感心したり，保護者の生きざまや人柄に敬意を抱いて学んだり，保護者からお礼の言葉をもらって純粋にうれしかったりすることもあります。保護者は，子どもを通じて人間的に関わる相手であること，それを知ってもらうためには，保護者にもそれぞれの人生があることを伝える必要があるのではないかと考えました。そこから，保護者も自分たちと同じ人生を生きる一人の人であるということを理解するための案内役になる本をまとめたいと考えるようになりました。

　二つ目の疑問は，教育と心理の協働についてです。教育の専門家である教員も，心理の専門家である心理士も，それぞれ子どもの保護者と関わる機会をもち，支援を行っています。しかし，保護者の支援は子どもとの関わりに付随する副次的なものとして捉えられているためか，あるいは教育と心理の理論や技術が異なるためか，互いにどのような支援が行われているのかが見えにくいように思います。チームとして協働することが増える中で，お互いにチームの他の専門家の考え方や実践を知る機会があってよいのではないか，

支援の姿勢や技術を学び合うことで専門性を尊重して協働しやすくなるのではないかと考えるようになりました。

　本書は，２部に分かれています。第１部は，保護者理解と保護者支援の理論についてまとめてあります。第１章では，現代の社会における保護者の姿を俯瞰し，人間のライフサイクルから保護者である時期を理解した後に，課題をもつ子どもと保護者について解説をしました。第２章は教員の立場から，保護者とつながり支えていく技術を解説しました。第３章は心理士の立場から，話を聴くことの技術と，保護者支援の技術を解説しました。第２部は，保護者を支援する実際の例について，Q＆Aの形式で，教員と心理士の立場から説明をしました。

　第１部から読んでいただいても，第２部から読んでいただいても構いません。全体を読むことで，教員と心理士がどのように保護者を理解し支援しているかが分かるようになっています。

　本書が，教員や心理士，そして保護者を支えたいと願う多くの人の役に立ちましたら，望外の喜びです。


　2023年５月

編者を代表して<br>鈴木朋子

# 目　　次

# 第 1 部
# 理論を学ぶ

# 1　保護者を知る

## 1−1　保護者であること

### 1‐1‐1　一人の人として

　子どもを保護する義務をもつ人は，保護者とよばれます。保護者は法律の中で使われてきた用語で，一般的には，子どもを主体とした関わりにおいて，その子どもを育てる家庭の大人（主に親）を示す言葉です。

　教員や心理士を目指す人にとっては，保護者との関わりは副次的な仕事として理解されるかもしれません。しかし子どもにとって保護者は大切な存在であり，大きな影響を与えます。子どもに教育や心理の立場から支援を行うとき，子どもを支える保護者も含めて支援を行うことで効果が増すことも多くあります。保護者を含めて子どもを支援するためには，保護者を理解する必要があります。

　この章では，社会における保護者の姿を俯瞰して，保護者も一人の人であるという前提から考えていきます。

### 1‐1‐2　少子化時代の保護者

　現代の日本は，少子化の時代といわれます。子どもが少ない社会の中で，子どもを育てる保護者はどのような存在なのでしょうか。

　日本は，1947 〜 49（昭和 22 〜 24）年に第 1 次ベビーブーム，1971 〜 74（昭和46 〜 49）年に第 2 次ベビーブームを迎えた後，出生率が低下して少子化が社会的な問題となりました。少子化を止めるために，2003（平成 15）年には少子化社会対策基本法が施行され，2015（平成 27）年には子ども・子育て関連 3 法（「子ども・子育て支援法案」，「総合こども園法案」，「子ども・子育て支援法及び総合こども園法の施行に伴う関係法律の整備等に関する法律案」）が施行されましたが，少子化は続いています。厚生労働省の人口動態調査（厚生労働省，2022）によると，2021年の出生数は 81万人で，子どもたちの親の世代が生まれた約 30 年前の 117万人に比べて大幅に減っ

ています。一人の女性が一生の間に産む子どもの数に相当する合計特殊出生率も2021年は1.30人と調査開始以来の最少の結果となりました（図1）。

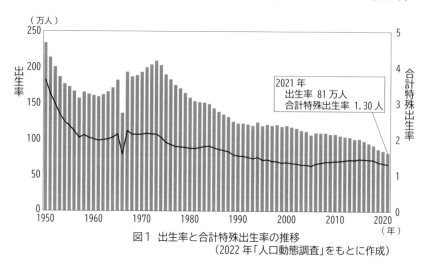

図1 出生率と合計特殊出生率の推移
（2022年「人口動態調査」をもとに作成）

　生まれる子どもの数が減少する背景には何があるのでしょうか。子どもをもつ世代の意識や行動の変化が少子化の背景にあると考えられています。2021年に国立社会保障・人口問題研究所が行った「第16回出生動向基本調査（結婚と出産に関する全国調査）」（2022）によると，未婚男性で結婚を希望する人の割合は81.4％，未婚女性では84.3％で，5年前の同じ調査に比べて低下しました。結婚を望む未婚者の中には，結婚しても子どもをもたずに夫婦二人だけで生きることを望む人も含まれているので，未婚者で結婚後に子どもをもちたいと望む人はさらに少ないということになります。

　では実際にどのぐらいの人が結婚し，子どもをもつのでしょうか。「人口統計資料集」によると，国勢調査をもとに算出された2020年の50歳時の未婚割合（生涯未婚率）は男性28.3％，女性17.8％，つまり70％以上の男性，80％以上の女性が結婚を経験しています。「第16回出生動向基本調査（結婚と出産に関する全国調査）」（2022）によると，結婚当時に子どもをもたない予定であった夫婦は2.2％，多くの夫婦が子どもをもちたいと望

んでいることが分かります。しかし実際に子どもをもたない夫婦は 9.9％と多く，結婚した 10 組に１組の夫婦は子どもをもたないことになります。

　以上のデータをみると，現代の日本では，結婚をして子どもをもつことが当たり前ではないことが示されているように感じます。少子化の社会で子どもをもつことは，多様な生き方の中の一つと理解することが出来ます。

## １-１-３　子どもをもつという選択

　人はどのような理由から子どもをもちたい，あるいはもちたくないと考えるのでしょうか。

　「第 16 回出生動向基本調査（結婚と出産に関する全国調査）」（2022）によると，夫婦が子どもをもつ理由（複数回答）は，「子どもがいると生活が楽しく心が豊かになるから」が 80.0％，「好きな人の子どもをもちたいから」が 40.9％でした。反対に，夫婦が理想の数の子どもをもたない理由は，「子育てや教育にお金がかかりすぎるから」が 52.6％，「高年齢で産むのはいやだから」が 40.8％，「ほしいけれどもできないから」が 23.9％でした。夫婦は自分たちの生活の充実のために子どもを作り，子育てや教育についての経済的負担が大きかったり自分たちが高齢であったりすると産み控えるという傾向が示されます。

　柏木（1998）によると，昔の女性と比較して現代の女性たちは，寿命が延びて子どもの数が少なくなったことで母親役割が求められる期間が短くなり，家事の効率化により主婦役割に使う時間が少なくなったといいます。自分自身の人生を考えるようになった女性たちにとって，子どもをもつという行動は，人生計画の中で女性が選択する選択肢の一つに変化したと説明されています。子どもは自然に授かるものと捉えていた時代と異なり，母親たちは「友達が産んだから」「経済的にゆとりができたから」「勧められたから」「仕事が軌道にのったから」などの条件に基づいて，あるいは「産んでみたい」と自分のための理由を挙げて子どもを産むようになりました（柏木，2001）。

　母親にとって子どもをもつ意味が変化したのと同じように，父親にとって

も子どもの存在は変化しつつあります。「第16回出生動向基本調査（結婚と出産に関する全国調査）」（2022）によると，2015年以降，乳幼児をもつ父親の育児頻度が増えています。結婚後に妻に働いてほしいと希望する未婚男性も増え，夫婦で働きながら男性も積極的に家事や育児を担う意識をもつようになりました。

　子どもをもち保護者となった保護者は，子どもをもつ人生を主体的に選択した人々が多いことが理解されます。

## 1-1-4　人生の中の一つの時期

　人生100年時代とされる現代を生きる人にとって，保護者である時期は，人生の中の一つの時期にすぎません。誕生から死までの人間の一生を通したライフサイクルの中で，保護者である時期はどのように位置づけられているのでしょうか。

　エリクソン（Erikson, E. H.）のライフサイクル論は，精神分析理論に基づいて人間の心理・社会的発達を説明したものです（Erikson&Erikson, 1997）。エリクソンは，人間の心理・性的ならびに心理・社会的な発達は，発生学における有機体の成長のように分化し漸進的に形成されると考えました。そして各発達段階には発達の命題があり，表1にあるように「対」という用語で示される二つが対立的かつ相補的に働いて，基本的強さが獲得されると説明しました。エリクソンによると，健康な子どもが適切に育てられれば，漸成的な発達法則に沿って発達が進み，「対」で示される二つをバランスよく経験して段階ごとに基本的強さが積み上げられていくことになります。

　エリクソンのライフサイクル論で，家庭を築く段階は前成人期と成人期にあたります。前成人期の心理・社会的危機である親密対孤立はパートナーとの出会いの時期です。前の発達段階である青年期に同一性を獲得した人であれば，仕事や性愛や友情の中で他者と同一性を共有して意義ある犠牲や妥協を含めた関係を築くことができます。そしてこの時期に獲得された愛によって，相互的な関心が拡大して，生み出したり世話をしたりすることへエネル

ギーを注ぐことができるようになります。

　続く成人期の心理・社会的危機である生殖性対停滞性は，子孫を生み出すことの他に新しい制作物や観念を生み出して生産性や創造性を発揮する時期です。命題への取り組みを通して，それまでの発達過程で育まれてきた基本的強さを土台として，人や物や観念の面倒を見るという「世話」が獲得されます。エリクソンの理論は，それまでの発達段階で獲得された強さを土台として，家庭を築き子どもを育てる行動が達成されることを示しています。

表1　心理・社会的危機（Erikson & Erikson（1997）を一部改変）

| 発達段階 | 心理・性的な段階と様式 | 心理・社会的危機 | 重要な関係の範囲 | 基本的強さ |
|---|---|---|---|---|
| Ⅰ　乳児期 | 口唇一呼吸器的，感覚一筋肉運動的（取り入れ的） | 基本的信頼　対基本的不信 | 母親的人物 | 希望 |
| Ⅱ　幼児期初期 | 肛門一尿道的，筋肉的（把持一排泄的） | 自律性　対　恥，疑惑 | 親的人物 | 意志 |
| Ⅲ　遊戯期 | 幼児一性器的，移動的（侵入的，包含的） | 自主性　対　罪悪感 | 基本家族 | 目的 |
| Ⅳ　学童期 | 「潜伏期」 | 勤勉性　対　劣等感 | 「近隣」，学校 | 適格 |
| Ⅴ　青年期 | 思春期 | 同一性　対同一性の混乱 | 仲間集団と外集団：リーダーシップの諸モデル | 忠誠 |
| Ⅵ　前成人期 | 性器期 | 親密　対　孤立 | 友情，性愛，競争，協力の関係におけるパートナー | 愛 |
| Ⅶ　成人期 | （子孫を生み出す） | 生殖性　対　停滞性 | （分担する）労働と（共有する）家庭 | 世話 |
| Ⅷ　老年期 | （感性的モードの普遍化） | 統合　対　絶望 | 「人類」「私の種族」 | 英知 |

　同じくライフサイクルを論じたハヴィガースト（Havighurst, R. J.）は，人の生涯を六つの段階に分け，それぞれ七〜八つの発達課題を挙げました（Havighurst, 1972）。ハヴィガーストによると，これらの発達課題は，歩行するといった身体的成熟，読み書きの習得といった社会的圧力，人格や自我を作る個人的価値や抱負によって規定されるもので，各段階で向かい合

う発達課題を達成することによって社会で認められる健全な成長がもたらされます。

　ハヴィガーストの理論において，保護者である時期は18〜30歳までの壮年初期と30〜55歳までの中年期に相当します（表2）。壮年初期は，結婚，最初の妊娠，定職につくこと，家を構えることを経験する時期です。子どもを家族に加えるという発達課題では，女性と男性がそれぞれ母親になり父親となることを達成します。子どもが誕生すると，夫婦は大きな責任を負って，子どもの扱いを学び，自分たちの日常の生活計画を子どもの要求に合わせて調整することを学びます。

表2　ハヴィガーストの発達課題（Havighurst（1972）をもとに作成）

| 発達段階 | 年齢 | 発達課題 |
|---|---|---|
| 壮年初期 | 18〜30歳 | (1)配偶者を選ぶこと<br>(2)配偶者との生活を学ぶこと<br>(3)第一子を家族に加えること<br>(4)子どもを育てること<br>(5)家庭を管理すること<br>(6)職業に就くこと<br>(7)市民的責任を負うこと<br>(8)適した社会集団を見つけること |
| 中年期 | 30〜55歳 | (1)大人としての市民的・社会的責任を達成すること<br>(2)一定の経済的生活水準を築き，それを維持すること<br>(3)10代の子どもたちが信頼できる幸福な大人になれるよう助けること<br>(4)大人の余暇活動を充実すること<br>(5)自分と配偶者とが人間として結びつくこと<br>(6)中年期の生理的変化を受け入れ，それに適応すること<br>(7)老いた両親に適応すること |

　中年期になると，子どもは成長して青年期に差しかかり，仲間との新しい関係をもち独立に向かって身体的にも情緒的にも親から離れようとします。中年期にある保護者たちは，このような子どもの成長に対応しつつ，自分が中年期に差しかかったことによる生理的変化に適応すること，高齢となる両親に適応をすることとなります。

　エリクソンのライフサイクル論でも，ハヴィガーストの発達課題の理論でも，保護者である時期は人生の一部として扱われていました。長寿となり人

生 100 年となった現代の人々にとっては，保護者である時期はさらに短いのではないでしょうか。保護者にとって，保護者である時期よりも長い人生があることを大切に捉える必要があります。

## 1 - 1 - 5　子育ての心理的な意味

　保護者である時期は人生の一時期に過ぎなくとも，子どもを育てる経験は，保護者自身の内面に大きな影響を与えます。

　小児科医であり精神分析を学んだベネデク（Benedek，T.）は，子ども時代に経験した葛藤は，その人が保護者となって子育てを体験する中で同じように繰り返されていくと説明します（Benedek，1959）。例えば乳児を育てる母親は，母親としての自分と子どもの中に自分が乳児として授乳されて世話をされた記憶の痕跡を見出し，乳児の喜びや苦痛を見ながら昔の自分を追体験します。保護者にとって子どもは，子ども時代の自分であると同時に，保護者自身の希望や期待を表現する存在になります。

　さらに保護者は，子どもとの相互作用を通して変化していきます。保護者が子どもだったときに経験した葛藤は，今度は自分が保護者となって子どもとの間で反復されて克服され，この過程を通して保護者は成熟していきます。子どもとよい関係を築くことで，保護者は自分の葛藤に対してより柔軟になることができます。子どもを育てることで保護者は，より深く幅広い適応力を身に付けて，保護者自身の幼児期の葛藤を解消するため前進することができます。

　このように保護者にとって子育ての体験は，自分の幼児期の葛藤を克服するチャンスとなります。しかし，子育てが保護者のもつ過去の傷をさらに深める体験になることもあります。例えば，フライバーグ（Fraiberg，S.）が「赤ちゃん部屋のお化け」（Fraiberg1980）とよんだ現象です。「赤ちゃん部屋のお化け」とは，乳幼児期に不幸な経験を負った人が成長して母親になった後に，現実の乳幼児の泣き声で自分の過去の心的外傷や葛藤を呼び起こされ，目の前の乳幼児に子ども時代のつらかった自分を投影することをい

います。泣き叫ぶ子どもによって自分の子どもの頃の葛藤を呼び起こされる
ことは，母親にとっては，泣き叫ぶ赤ちゃんから脅される体験につながって
いくかもしれません。中には，自分を守ろうとして子どもを攻撃する母親も
いるかもしれません。

## 1－2　さまざまな保護者

　保護者にはさまざまな人がいます。他の保護者や地域と交流しながら子ど
もを育てる人もいれば，人付き合いに慎重でインターネットの情報を頼りに
子どもを育てる人もいます。祖父母の手を借りて子育てをする保護者もいれ
ば，仕事をもちながら孤軍奮闘するシングルマザーやシングルファザーもい
ます。この節では，保護者の多様性について理解していきます。

### 1－2－1　現代の家族のかたち

　日本の家族の姿は 20 年で大きく変化をしました。2001 年では，「夫婦と
子」の世帯が 66.1％，「三世代世帯」が 24.7％と 18 歳未満の子どもがいる
全世帯の 90％以上を占めており，「ひとり親と子ども」の世帯は 5.1％でし
た。しかし 2021 年では，「夫婦と子」の世帯が 76.2％，「ひとり親と子ども」
が 6.4％と増加したのに対して，「三世代」の世帯が 12.9％と減少しました。
三世代の昔ながらの大家族が減り，夫婦と子ども，ひとり親と子どもの世帯
が増加しています（図2）。

　夫婦と子どもによる核家族についてさらに見ると，働く母親が増えている
ことが分かります。図3は，18 歳未満の子どもをもつ母親の就業状態を示
したものです。2005 年では，専業主婦の割合が全体で最も高かったのです
が，2021 年では減少し，パートタイム労働に就く有職の母親が増えていま
す。結婚，出産後に仕事を中断せずに働き続ける女性も増加しています。共
働きの両親と子どもの組み合わせが現代の家族のかたちといえるでしょう。

世帯数（万世帯）

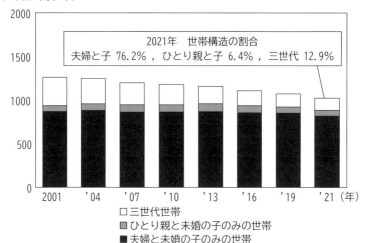

図2　18歳未満の子どもをもつ世帯の世帯構造の年次推移
（2021年「国民生活基礎調査の概況」を一部改変）

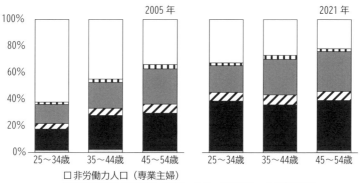

図3　18歳未満の子どもをもつ夫婦の妻の就業状態別割合
（2022年「男女共同参画白書」を一部改変）

## 1-2-2　ひとり親家庭，外国とつながりをもつ家庭

　2000年代に入ってから，両親の離婚や死別等の理由によって子どもが母親または父親に養育される，ひとり親家庭が増えています。図4は満20歳未満のひとり親家庭の世帯数の推移を示したものです。約30年前の1988年と比較すると，2021年の母子世帯の数は1.4倍に増えています。子どもの数が減っていることを考えると，ひとり親世帯の割合は大きく増えているといえます。

　また，外国とつながりをもつ家庭も増えています。図5は，「学校基本調査」をもとに公立学校に在籍している外国籍の児童生徒のうち小学校，中学校，特別支援学校の在籍者人数を示したものです。2008年度には約6万7千人でしたが，2021年度には10万人を超える人数が在籍しています。そのうち，半数弱の約4万3千人は日本語指導を必要としています（図6）。さらに日本国籍の児童生徒でも，日本語指導を必要とする子どももいます。これらの子どもは，保護者の一方が外国籍であったり，外国で育ち教育を受けてきたりしており，その保護者も母語を含め多様な背景をもっています。

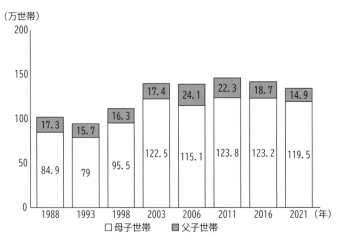

図4　20歳未満の未婚の子を養育する母子世帯数及び父子世帯数の推移
（2022年「男女共同参画白書」を一部改変）

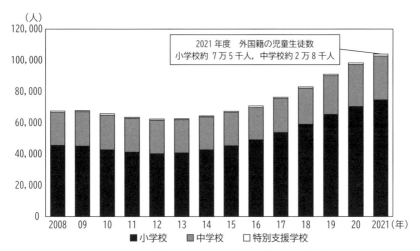

図5　公立学校に在籍している外国籍の児童生徒数
（「学校基本調査」をもとに作成）

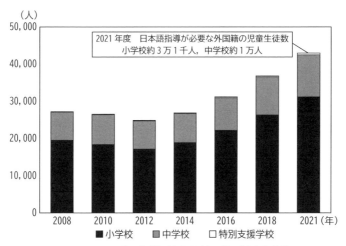

図6　日本語指導が必要な外国籍の児童生徒数
（2022 年「日本語指導が必要な児童生徒の受入状況等に関する調査」
をもとに作成）

### 1-2-3　保護者を支えるもの

　保護者はいろいろな人，資源に支えられながら子どもを育てています。保護者を支える人的資源には，子どもを介した保護者同士の関係や，親戚や友達とのつながりなどがあります。保護者が，教育や子育て支援に携わる専門家の支援を受けることもあります。

　実際に保護者が支援を求める相手にはどのような人がいるのでしょうか。2018年に実施された「第6回全国家庭動向調査」（国立社会保障・人口問題研究所，2020）によると，母親が出産や育児で困ったときの相談相手は，保護者自身の親が48.9％，夫が35.4％，きょうだいや友達などのへの相談も5.1％挙げられています。子どもの教育や進路を決めるときの相談は，夫が85.0％に増え，親は5.8％です。2021年度に調査が行われた「第16回出生動向基本調査」（2022）によると，乳幼児を育てる間に子どもの祖父母とくに祖母が手助けをする割合は増えていて，2015 ～ 2018年生まれの子どもでは57.8％の夫婦が祖母の手助けを受けています。

　子ども介した母親仲間である「ママ友」も保護者を支える存在です。子育てや教育に関する情報を得たり，「ママ友」と悩みを共有したり，助け合ったりします。子どもが小さいほど「ママ友」の付き合いは多く，幼稚園の母親同士の仲間関係では，幼稚園や子育てについて話を共有し，互いの子どもを褒めたり，励まし合ったり，悩みを共有することが多くみられます。親しく付き合う幼稚園の母親の人数が多く会話頻度が高い母親は，育児不安が低いという報告もあります（中村，2008）。

　保護者が子育てや教育についての悩みで利用できる社会資源としては，児童相談所や福祉事務所・市町村の児童相談窓口といった公的機関，教育センターや教育相談所などの教育相談機関があります。他に，放課後児童クラブ（いわゆる学童保育）などの子育てに関する事業，民間の習い事や塾も，保護者とともに子どもの育ちを応援する場であり，保護者の助けにもなります。「平成26年度全国家庭児童調査結果の概要」（厚生労働省子ども家庭局，2014）では，放課後児童クラブがある地域では30％強の人が利用し，塾

等については，小学生の約半数が利用しているとの報告があります。現代の保護者は，多くの社会資源を頼りながら子育てを行っています。

## 1－3　課題をもつ子どもと保護者

　能力や資質がさまざまで個性的な部分があっても，多くの人は心理的な課題はもたずに生活しています。しかし中には，心理的な課題をもつために支援を必要とする人がいます。この節では，課題をもつ子どもと，配慮の必要な保護者について説明をします。

### 1-3-1　課題をもつ子ども

　昔から，育てやすい子どももいれば育てにくい子どももいると考えられてきました。育てにくい子どもとは，例えば，ちょっとしてことで泣き出してなかなか泣き止まなかったり，寝つきが悪かったり，すぐにかんしゃくを起してしまったりするような子どもです。乳児期の育てやすさ，つまり気質は幼児期も持続する傾向があります。難しい気質の子どもをもつ保護者は世話をしにくいと感じやすく，育児ストレスを高めやすいと言われています（水野，1998）。

　現代では，気質にとどまらず，さまざまな課題をもつ子どもがいます。この節では現代的な子どもの課題として，発達障害，知的障害，愛着障害と虐待，ダブルリミテッドについて説明をします。

　**発達障害**　発達障害は，発達障害者支援法において「自閉症，アスペルガー症候群その他の広汎性発達障害，学習障害，注意欠陥多動性障害その他これに類する脳機能の障害であってその症状が通常低年齢において発現するもの」と定義されています。文部科学省ではこの定義を用いていますが，精神医学で用いられる『DSM-5精神疾患の診断・統計マニュアル』（以下，DSM-5）では神経発達障害／神経発達症と表記され，知的障害も含むため，これらの定義の違いに注意をする必要があります。

　自閉症とアスペルガー症候群はともに，医学では自閉スペクトラム症
（ASD）の一部と考えられています。自閉スペクトラム症は，多くの遺伝的
な要因が複雑に関与して起こる生まれつきの脳機能障害で，社会的コミュニ
ケーションや対人的相互反応における困難さがあります。行動，興味，活動
の限定された反復的な様式が発達早期からみられ，発達年齢相応の対人関係
などの機能をもてません。想像力に限界があって言葉を字義通りにしか使え
なかったり，他者との関わりが一方的であったり，こだわりが強く感覚が過
敏または鈍感という症状をもつこともあります。一般的に，自閉症は知的障
害をもつ自閉スペクトラム症を示す言葉で，アスペルガー症候群は平均以上
の知的水準をもつ自閉スペクトラム症を示します。アスペルガー症候群の子
どもの中には，興味のある分野の知識が豊富で，「○○博士」と呼ばれてい
る子もいます。

　学習障害（LD）は，教育と医学で定義が異なります。教育ではLD
（Learning Disabilities）と表記され，全般的な知的発達に遅れはないも
のの聞いたり話したり，推論したりする力など学習面の特定の能力の障害を
示します。医学では（Learning Disorder），限局性学習症と表記され，読
み書き能力や算数機能に関する特異的な発達障害の一つとされます。小児
期に生じる特異的な読み書き障害に，「発達性ディスレクシア」があります。
発達性ディスレクシアは，知的障害がないにも関わらず，期待される水準の
読字能力を獲得することに困難がある状態です。例えば，文字を一つずつ逐
次読みする，文末などを適当に変えて読んでしまう，拗音や促音などの特殊
音節，助詞の書字に誤りがあることが挙げられます。

　注意欠陥多動性障害は，医学ではADHD（注意欠如・多動性障害）と呼ばれ，
不注意と多動・衝動性を主な特徴とする障害です。不注意と多動・衝動性が
年齢相応の発達よりも頻繁で強いこと，これらの症状のいくつかが12歳以
前から認められ，発達に応じた対人関係や学業的な機能が障害されている場
合に診断されます。ADHDをもつ子どもは不注意であったり衝動が制御で
きなかったりするために失敗行動が多く，保護者や教師から頻繁に叱責され

て自己肯定感が低くなることがあります。ADHD をもつ子どもに対しては，集中しやすいよう環境を整えること，望ましい行動を増やす行動変容に取り組むこと，薬物療法を効果的に用いることが主な治療となります。

知的障害　知的障害は，知的機能における障害と適応機能における障害が発達期に生じたものです。「精神遅滞」という障害名が長く使われていましたが，DSM-5では「知的能力障害」という言葉が使われるようになりました。言語発達，論理的思考，問題解決，計画，記憶，判断などの全般的な精神機能に障害をもつ状態で，知能検査で測定された知能指数（IQ）が同年代の平均よりも約2標準偏差，例えば平均 100，標準偏差 15 の検査では IQ70 を下回ることを参考に，適応機能を総合的に評価して診断されます。子どもの場合，児童相談所での判定をもとに都道府県・指定都市が交付する療育手帳を入手し，重症度に応じた福祉サービスを受けることが出来ます。学校では，特別支援学級や特別支援学校を学びの場とすることがあります。

愛着障害と虐待　愛着障害は，DSM-5では「反応性アタッチメント障害／反応性愛着障害」と表記される，親子関係に起因する心的外傷の障害の一つです。人間は，生後5歳未満までに養育者との心の絆ともいえる愛着を形成し，人間を信頼する基盤を作ります。虐待などの不適切な養育によって健全な愛着行動の発達が阻害されると，誰に対しても無関心になる抑制型の愛着障害や，反対に誰に対しても無差別にベタベタとして表面的な愛着を示す脱抑制型の愛着障害を示すことがあります。愛着障害をもつ子どもは，対人交流や情動の障害などに苦しむことが多く，虐待によって極度のストレスが与えられると，解離やフラッシュバックのような記憶の障害が生じることもあります。

ダブルリミテッド　ダブルリミテッドとは，「一つ以上の言語に触れて育つ言語形成期の年少者がどの言語も年齢相応のレベルに達していない状況」

（中島，2007）を示す言葉で，母語と異なる言語を使用する環境で育つ健常児が一時的に陥る状況を示します。2〜5歳の幼児が異言語環境で育つことで言語そのものの発達が遅れた場合，学齢期の言語習得に影響を与える可能性があります。一つの言語は身についているものの他の言語領域で遅れが見られる場合もあり，いずれにせよ長期の教育的介入を必要とします。

## 1-3-2　課題をもつ保護者

　学校や家庭で苦戦している子どもの保護者も課題をもっていることがあります。どのような課題をもっていても，子どもにとっては保護者は大切なかけがえのない存在であることを念頭において，つねに保護者の力になれるよう努める必要があります。これらの基本を理解したうえで，課題をもつ保護者について整理し，課題をもつ保護者の話を聴く際に心がけることを説明します。

　**コミュニケーションに難しさをもつ保護者**　保護者も，知的障害や発達障害をもっていることがあります。その場合，会っていても，何を求めているのか分かりにくかったり，傾聴をしても沈黙ばかりになったり，具体的な助言をしても分かっているのか心配になるようなことがあります。支援を求めている気持ちは伝わってくるものの話さない保護者の場合，保護者自身が自分の困っていることを言葉にまとめるという知的作業を行うのが難しいかもしれません。もし保護者が言葉で表現することが難しいように感じたら，無理に言葉にするように勧めるのは控えた方がよいでしょう。子どもや家庭の状況，地域の情報などから，どのような支援を求めているのかを見通して，教員や心理士から分かりやすい言葉で伝えるように接すると，保護者が何を求めているのかが徐々に分かってくることがあります。

　保護者が大変多く話すものの，話のまとまりがなく，何を言おうとしているのかが分からない場合もあります。不安や緊張が大きい場合に多弁になる人もいますし，衝動の統制が苦手で話し続けてしまう人もいます。不安や

緊張の場合は，場に慣れてくると徐々に話せるようになることもありますので，不安の中，支援を求めてきた気持ちに寄り添いながらゆっくり話を聴きます。衝動の統制が苦手で話し続ける場合は，話が飛び飛びであることに加えて，聞いている人が話の要点を捉えにくいと感じていることに気付いていないことがあります。このような場合には，話を適所で遮ってメモをとりながら聴いていき，ある程度まとまったところで教員や心理士から内容を要約すると，徐々にまとまった話ができるようになることがあります。

　また，話していても感情が伝わってこないように感じる保護者や，知的な理解による表面的な話ばかりで終わってしまう保護者もいます。このような保護者は情緒的な交流が苦手で，他人の情緒を想像することが出来ないのかもしれません。保護者の在り方を尊重しながら，話を聴くようにします。


　**対人関係の課題をもつ保護者**　パーソナリティ障害の可能性をもつ保護者です。例えば，子どもの話をしていてもいつの間にか保護者自身の話になってしまう，いつも特別対応を求めてくる，いつも攻撃してくるような気がするといった保護者です。このような保護者と会うと，他の保護者とは違う何かを要求される感覚，試される感覚，過剰にサービスしてしまいたくなる感覚，自分の身を守らないと危ないという感覚をもつことがあります。

　パーソナリティ障害は，認知，感情，対人行動，衝動性の制御のうち二つ以上の領域で，文化から期待されるよりも著しく逸脱した様式が長期間にわたって広範に現れる障害です。パーソナリティ障害をもつ人の中には，自分自身の両親との情緒的な関係で問題を抱えたまま成長し，その問題を今度は自分の子どもと繰り返す「世代間伝達」によって子どもを虐待してしまう人もいます。

　パーソナリティ障害の人を支援する場合，支援の枠組みを明確にルール化して最初に提示することが勧められます。例えば，話を聴くことのできる場所と時間，ここまでは対応できるがこのような問題は対応できないといった限界を設定して，教員や心理士が安心して能力を発揮できるような土壌を

作ったうえで話を聴いていきます。このようなルールは，医療における治療
では，間一髪のところでパーソナリティ障害をもつ人自身を守る防波堤とし
て働くことがよくあります。パーソナリティに課題をもつ保護者に対しても，
同じように，最初にルールを設定して伝えるように心がけるとかえって安定
することがあります。

　**精神障害をもつ保護者**　うつ病，統合失調症などの精神障害をもつ保護者
の場合，医療機関で治療を受けていることが多いでしょう。医療機関から福
祉サービスに橋渡しされ，保護者と家族が支援を受けている場合もあります。
保護者自身の親などの親戚が保護者と子どもを支えていることもあります。
障害の程度や事情，地域によって，保護者と子どもを支える資源は異なります。
　精神障害をもつ保護者の場合，病状によっては自分のことで精いっぱいで
子どもの世話が行き届かなくなることがあります。そのため，子どもと保護
者の双方を注意して見守り，保護者の病状が子どもに影響している様子が
あったら，積極的に福祉サービスにつなげていくことが求められます。そし
て，ストレスがかからないように配慮することが保護者にとって助けになり
ます。

　**外国とつながりをもつ保護者**　保護者のいずれか，あるいは両親ともに外
国人であるなど，外国とつながりをもつ保護者の場合は，保護者と話が通じ
るようにすること，保護者の文化を理解することが重要です。言葉が分から
ない場合には通訳を入れる，配布物はパソコンなどの翻訳アプリを利用して
翻訳するなど通じるための努力をすることには大きな意味があります。また，
国や文化が異なると，当たり前に思っていたことが違うということがよくあ
ります。例えば，日本の学校では子どもたちが自分の教室の掃除をしますが，
国によっては掃除を仕事とする人だけが掃除を行うため子どもにさせるのは
差別だと感じる人もいます。また，国によっては，両親や目上の人は敬うの
が当然であり少しでも反抗的な態度をとったら厳しくしつけるのが正しいと

いう常識があるところもあります。

　以上の説明は，精神医学や臨床心理学の知見から保護者のもつ課題を捉えたものです。出会った保護者が心理的な課題をもっている場合，このように整理して理解に努めることは教員や心理士の助けになりますが，一方で，原因を保護者の問題に過剰に帰してしまう可能性も生じます。問題の原因が保護者にあると考えるようになると，つい保護者の言動を批判的にみるようになり，保護者とのラポールに基づく関係を維持しにくくなります。

　保護者は，多様な生き方のある現代の社会で子どもをもち，長い人生の中の一時期として保護者である時期を生きています。課題をもつ保護者であっても，社会の中で生き抜いてきた強さ，健康さをもつことを忘れてはいけません。保護者が一人の人として生きていることに敬意をはらって，広い視野から保護者を理解する必要があります。

参考文献

American Psychiatric Association（2013）．*Diagnostic and statistical manual of mental disorders*（5th ed.）．American Psychiatric Publishing Inc.（高橋三郎・大野裕（監訳）（2014）．『DSM-5精神疾患の診断・統計マニュアル』医学書院）

Benedek, T.（1959）．Parenthood as a developmental phase:A contribution to the Libido Theory. *Journal of the American Psychoanalytic Association*, *8*, 389-417.

Erikson, E. H., &Erikson, J. M.（1997）．*The life cycle completed: A review*（Expanded Edition）．W. W. Norton&Company, Inc.（村瀬孝雄・近藤邦夫（訳）（2001）．『ライフサイクル，その完結』みすず書房）

Fraiberg, S.（Ed.）（1980）．*Clinical Studies in Infant Mental Health: The First Year of Life*. Basic Books.

Havighurst, R. J.（1972）. *Developmental tasks and education*（3rd ed）. David McKay.（児玉憲典・飯塚裕子（訳）（1997）.『ハヴィガーストの発達課題と教育――生涯発達と人間形成――』川島書店）

柏木惠子（1998）.「社会変動と家族発達――子どもの価値・親の価値――」柏木惠子（編）『結婚・家族の心理学――家族の発達・個人の発達――』ミネルヴァ書房

柏木惠子（2001）.『子どもという価値――少子化時代の女性の心理――』中公新書

国立社会保障・人口問題研究所（編）（2020）.『第6回全国家庭動向調査報告書――2018年社会保障・人口問題基本調査――』一般財団法人厚生労働統計協会

国立社会保障・人口問題研究所（2022）.「第16回出生動向基本調査結果の概要」（https://www.ipss.go.jp/ps-doukou/j/doukou16/JNFS16gaiyo.pdf）

国立社会保障・人口問題研究所（編）（2022）.『人口の動向 日本と世界――人口統計資料集――』厚生労働統計協会

厚生労働省子ども家庭局（2014）.「平成26年度全国家庭児童調査結果の概要」（https://www.mhlw.go.jp/content/11920000/5zentai.pdf）

厚生労働省政策統括官付参事官付世帯統計室（2022）.「2021（令和3）年 国民生活基礎調査の概況」『厚生の指標』60（15），53-58.

厚生労働省（2022）.「令和3年（2021）人口動態統計（確定数）の概況」（https://www.mhlw.go.jp/toukei/saikin/hw/jinkou/kakutei21/index.html）

文部科学省（2022他）.「学校基本調査」（https://www.e-stat.go.jp/stat-search/database?page=1&toukei=00400001）

文部科学省（2022）.「日本語指導が必要な児童生徒の受け入れ状況等に関する調査結果について」（https://www.mext.go.jp/content/20221017-mxt_kyokoku-000025305_02.pdf）

内閣府男女共同参画局（編）（2022）．『男女共同参画白書（令和４年版）』
　　勝美印刷

中村真弓（2008）．「育児不安と母親の仲間関係──母親の仲間関係のサ
　　ポート効果を中心に──」『尚絅学園研究紀要 A 人文・社会科学編』2,
　　1-12.

中島和子（2007）．「テーマ『ダブルリミテッド／一時的セミリンガル現象
　　を考える』について」『母語・継承語・バイリンガル教育（MHB）研究』
　　3，1-6.

水野里恵（1998）．「乳児期の子どもの気質・母親の分離不安と後の育児ス
　　トレスとの関連──第一子を対象にした乳幼児期の縦断研究──」『発
　　達心学研究』9，56-65.

総務省統計局（編）（2022）．『国勢調査報告』総務省統計局

## 2　教員として保護者を理解・支援するために

　この章では，教員として学校に配属されたときに保護者を理解し支援するための視点を紹介します。その前提には，学校に通う子どもたちにとって学校が安心・安全の場であることが必要になります。第1節では，学校がどのような組織で動いているのか，第2節では教員一人一人がどのように子どもたちと信頼関係を築いているのかを紹介します。信頼関係の構築については，学級経営を行う際の「子どもの理解」「集団づくり」「授業づくり・環境整備」の3点を中心に説明します。第3節では，保護者と信頼関係を築くための日常的な関わりについて説明した後で，いくつかの事例についての対応を紹介します。第4節では，特別な支援を必要とする子どもの保護者との関わりの際に意識する点を紹介し，第5節では障害受容という視点からの保護者理解についても触れます。

### 2－1　組織としての学校

　教員を目指すみなさんは，「一人一人を大切にした学級経営を行いたい」「自分はこのように授業を行いたい」など，いろいろな思いをもっていると思います。教員は，子どもたちの成長や発達に大きく関わることができるとても魅力的な職業です。

　「自分の学校をよりよくするためにこういう活動を取り入れたい」「教科の内容をさらに充実するためにこのような取り組みを行いたい」など，学校現場では日々教育活動の一層の充実に向けた話し合いが行われています。そのような話し合いを通して，それぞれの教員が目標を共有し，魅力ある学校を作っています。

　校長は，関連する法令などを踏まえ，地域や子どもの実態などを見極め，学校の全職員の共通理解のもと，学校教育目標を定めています。学校教育目標には学校経営方針や重点事項などが具体的に示されていて，校長の責任のもと，教職員が一体となって学校教育目標の実現を目指しています。教員は，

学校教育目標を実現するために，組織的に課題解決に取り組んでいます。

　一人の教員が全ての学校教育に関わる業務（以下，校務）を行うことは不可能です。校務については，各学校で校内組織を定め，教職員が分担して担当します。これを「校務分掌」といいます。各教員が複数の分掌組織に所属し，各分掌内で連携・協働して校務を遂行しています。分掌ごとに責任者（主任）が置かれ，主任会などの名称で，責任者同士が情報を共有し，連携しながら校務を遂行しています。

　また，学校教育目標の実現を目指して学年ごとに，具体的な目標を学年主任が設定し，学年職員で共通理解を図り，同じ学年内で連携した取り組みが進められます。

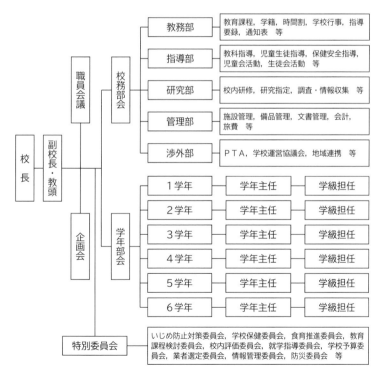

図7　校務分掌例（小学校の例）
（「平成 29 年 10 月 20 日学校における働き方改革特別部会資料」をもとに作成）

　このように，学校は組織として動いているので，学級経営などを行う際には，学校教育目標や学年目標を意識した活動を行う必要があります。困ったことや分からないことがあったら，他の教職員に相談し，一緒に解決を図りますが，どの教職員に聞けばよいのか迷ったときは，校務分掌上の分担が参考になります。特に学年の教員とは，子どもの様子や授業の進み具合などについて情報交換をするなど，日常的にコミュニケーションをとり，協働できる関係づくりを目指していきましょう。

## 2－2　子どもと信頼関係を築くために

　教員として採用され初任校に配属されると，始業式で新しい子どもたちと出会い，学級づくりを進めていくことになります。学級経営について小・中学校「学習指導要領（平成29年告示）解説総則編」では，次のように書いてあります。

---

1　児童生徒の発達を支える指導の充実
（1）学級経営，児童生徒の発達の支援
　（1）学習や生活の基盤として，教師と児童生徒との信頼関係及び児童生徒相互のよりよい人間関係を育てるため，日頃から学級経営の充実を図ること。また，主に集団の場面で必要な指導や援助を行うガイダンスと，個々の児童生徒の多様な実態を踏まえ，一人一人が抱える課題に個別に対応した指導を行うカウンセリングの双方により，児童生徒の発達を支援すること。
　　（小学校のみ）あわせて，小学校の低学年，中学年，高学年の学年の時期の特長を生かした指導の工夫を行うこと。

---

　学校は，子どもにとって，安心・安全に伸び伸びと過ごせる楽しい場でなければなりません。学級は，子どもにとって学習や学校生活の基盤です。学級担任は，学校・学年の経営目標を踏まえて，調和のとれた学級経営の目標

を設定し，学級経営の全体的な構想を立てます。

　学級経営を行ううえでは一人一人の子どもに対する「子どもの理解」，子ども相互の人間関係をよりよくし，学級集団を育てていく「集団づくり」，学校生活の多くの時間を占める授業の時間を充実させるための「授業づくり・環境整備」の３点は特に重要になります。

## ２－２－１　子どもの理解

　子どもを理解するには，日ごろから子どもの行動や様子を客観的に多面的に把握しておくことが大切です。一人一人の良いところや得意なことを記録して個々の理解につなげ，子どもの得意な部分を認めて日々の活動に生かすように心がけます。また，「ありがとう」「○○ができるようになったね」のようなちょっとした肯定的な言葉がけを意識的に行うと「教員は自分のことをよく見てくれている」「教員は自分のことを理解してくれている」と感じ，子どもは教員を信頼するようになります。

　子どもと接するときは，子どもの気持ちに寄り添い，子どもの言葉を受け止める姿勢で接するように意識します。子どもは教員の表情や声色にとても敏感です。例えば，表情をあまり見せない傾向がある教員の場合は，柔和な表情を意識して話を聞く，話が速く高音で話す傾向がある教員の場合は，いつもよりもゆっくりと低めの声で話をするというように，教員自身の表情や声も意識しながら子どもと接するようにします。

　休み時間など時間の制約がある場合や，集団全体の中では落ち着いて話を聞くことが難しい場合は，個別に時間を取って，子どもが落ち着いて話せる，教員も落ち着いて話を聞くことができる場を設けることが大切です。何気ない会話の中に，いつもと異なる様子を感じることもあります。毎日一人一人の子どもに意識的に言葉をかけ，「何かいつもと違うな？」「今日は元気がないな？」などと感じることがあったら，その日のうちに個別に時間を取って話を聞くようにします。

　**注意をする際のポイント**　学級経営では教員の思うようにならないことが起こり，子どもの行動を注意しなくてはならない場面も発生します。子どもの規範意識を育てるには，必要な場面では教員が毅然（きぜん）とした対応を行うことも必要になります。注意する場合は，特定の子どもばかりを注意していないか，感情に任せた対応になっていないか気を付け，その行動に至った背景や気持ちを理解しようと努めながら話をします。注意したあとに，具体的にどのような行動をとればよかったのか，次に同じような場面になった場合にどのようにすればよいのか，注意した場面で望まれる行動の具体を伝えることが効果的です。

　また，個別に注意をする際には，いけないことを伝えるだけでなく，育ってほしい子どもの姿を意識して言葉をかけるようにすると効果的です。特に思春期以降は，周囲の視線等に思春期以前より敏感になります。全体の前で名前を呼ばれて注意をされることで，プライド等が傷つけられ，反抗的な態度で言い返すこと，授業に対して非協力的になることなどもあります。個別に話をする中で，「どのような思いがあって注意をしたのか」までしっかりと伝えることが大切になります。教員の注意の意図がはっきりと伝わることで子どもは「教員は自分のことを考えてくれている」「自分のことを信じて話をしてくれる」という感覚をもちます。注意が必要な場面は，子どもとのより深い関係を作るチャンスでもあるので，丁寧に対応していきましょう。

　**配慮が必要な子どもの引き継ぎ**　子どもに対する前年度などからの引き継ぎ事項がある場合は，必ず事前に確認をします。「この方法だと落ち着いて取り組める」「この伝え方だと不安になって落ち着かなくなる」など，うまくいった支援や効果的ではない対応が分かっている場合があります。その場合は特に意識して，前年度の担当者などから，どうしてそのような支援が必要であるのか，いつからその支援を行っているのかなど具体的に話を聞いて引き継ぐようにします。個別の教育支援計画や個別の指導計画が作成されている場合は，その内容についても確認をします。

　校内の配慮が必要な子どもについての対応には，特別支援教育コーディ
ネーターが効果的な指導法や教材などについての情報をもっていることもあ
ります。積極的に情報を確認して，子どもの支援につなげてください。
　前年度からの支援や配慮を保護者から言われる前に継続して行うことで，
学校内で情報が共有されている，校内で連携が行われていることが保護者に
伝わり，担任や学校全体への信頼が増します。引継ぎに関して分からないこ
とや疑問点がある場合は，必ず事前に過去の担任や学年所属の教員から直接
話を聞いて確認をする習慣をつけましょう。

### コラム：個別の教育支援計画と個別の指導計画

　障害者基本計画では，障害のある子どもの発達段階に応じて，関係
機関が適切な役割分担の下に，一人一人のニーズに対応して適切な支
援を行う計画（個別の支援計画）を策定して効果的な支援を行うこと
が示されています。このうち，教育機関が中心となって作成するもの
が，「個別の教育支援計画」です。
　「個別の教育支援計画」や学校の教育課程を踏まえて，学校全体で
適切な指導・支援を行うために，具体的に一人一人の目標や指導内容，
指導方法等を明確にして作成されたものが「個別の指導計画」です。
　平成29年3月の学習指導要領の改訂では，特別支援学級に在籍す
る子ども，通級による指導を受ける子どもに対して，必ず作成するこ
とが示されました。また，通級による指導を受けていない障害のある
子どもなどについても，個別の教育支援計画及び個別の指導計画の作
成と活用に努めることとされました。

## 2-2-2　集団づくり

　一人一人の子どもとの間に信頼関係を作ることと並行して，子ども相互の
人間関係に注目して，学級集団を育てていく必要があります。

　教員が一人一人の子どもが活躍できる機会を意図的に設定し，子どもが取り組んだことを価値づけることで，子どもはお互いの良さに気付き，認め合うようになります。生活班や学習班を作る際には，子ども相互の特長や関係性なども考慮することで，「協力するとうまくできる」という経験も増やすことができます。

　集団づくりでは集団生活の基本となる規範意識を育てる視点も大切です。生活のルールを子どもとともに考え，決まったルールを自分たちで守ろうとする姿勢が育つと，安心・安全な学級生活が送れます。自分たちでよいクラスを作りたいと思えるように，子どもに役割を与えると，子どもはいろいろと考えて行動します。日直や係活動などの役割は，集団の中での役割を果たすことで「自分も学級の役に立っている」ことを実感でき，責任をもって活動することの大切さを学ぶ機会にもなります。役割を果たす中で，成就感や自己有用感なども高めながら，子どもが中心にいる集団づくりを行ってください。

　子どもの人間関係の発達について知っていることは集団づくりに役立ちます。人間関係の発達は「私」という一者の段階，「私と相手（あなた）」の二者の段階，「私と複数の他者（私たち）」の三者以上の段階と広がっていきます。子どもの発達段階によっては，子どもだけでお互いに円滑な関係を築くことが難しいこともあります。この段階では，子ども相互の関係が円滑になるためには，教員が間に入って子どもと子どもの間をつなぐような関わりをすることが必要です。また，相手意識が十分に育っていない段階では，状況を客観的に捉えて説明することや伝えることが難しい場合もあります。ちょっとしたことがきっかけで子ども間でのトラブルは発生しますが，お互いにどうしてトラブルになったのかを的確に伝えることが難しいことも多いです。そのような場合は，教員が状況を把握していたかどうかがその後の対応に影響します。何かあった時に教員が誰も見ていなかった，知らなかったとなると，連絡を受けた保護者は不信感をもちます。休み時間に子どもの活動を視野に入れながら一緒に遊ぶ，学年の子どもの活動を把握できるよう，学年の教員

間で協力をして，子どもを見守る場所を決めておくなど，子ども同士の関わりや子どもたちの様子を確認できる体制を作っておきましょう。

### コラム：特別支援教育コーディネーター

　　学校内の特別な配慮を必要とする子どもの支援に対して中心的な役割を担っている教員で，校長が1名以上指名します。担任への支援，学校内の関係者や外部の関係機関との連絡調整，校内委員会や校内研修の企画・運営，保護者に対する相談窓口などの役割を担います。

　　文部科学省の通常の学級に在籍する特別な教育的支援を必要とする児童生徒に関する調査結果（令和4年）では，「知的発達に遅れはないものの学習面又は行動面で著しい困難を示す」とされた児童生徒数の割合は小・中学校で8.8%となっており，特別支援教育コーディネーターの果たす役割が大きくなっています。

## 2－2－3　授業づくり・環境整備

　学校生活の多くは授業の時間です。教員として学習内容や指導のポイントを把握して授業に臨むことが必要です。板書計画を立てることで，発問の仕方や授業の展開が整理されます。同じ学習内容でも，発問の仕方によって，子どもの反応や理解は大きく異なります。ペア学習やグループ学習を取り入れるだけでは学びは深まりません。話し合いをさせるときは，何について話し合うかを明確にする必要があります。考える視点を分かりやすく示し，考える時間を十分に確保して，子どもが自分の考えがもてる発問となるよう心がけましょう。子どもが自分の思いや考えをもつと，学び合いに積極的に参加するようになります。お互いに考えを発信することで，新たな発見をしたり，考えが深まったりします。また，ICTを効果的に活用することで子どもの理解や学びの深まりが期待できます。

　授業を行う際の環境整備については，ユニバーサルデザインの考えに基づ

く取組が参考になります。ユニバーサルデザインの考えに基づく取組は，さまざまな立場で語られていて，これが絶対という明確な定義や方法はありません。考え方の基本は「すべての子どもにとって参加しやすい環境を作ったうえで，すべての子どもが理解できる授業をめざす」ということです。この取組みでは，学びづらさがある子どもにはないと困る支援が用意されています。その支援は，他の子どもにとってもあると便利な支援になります。

　環境整備の視点として3点紹介します。

　**場所や時間の内容に関する視点**　「持ち物の片づけ方，学習の準備の仕方の明示」「時間割や日課表の表示」「授業用の黒板と連絡・掲示物用の小黒板を分ける」のようなものが該当します。この視点を意識することで，何がどこにあるか，今何をすればよいのか，どこを見れば必要な情報が得られるかが分かりやすくなります。

　**刺激量の調整に関する視点**　「視覚や聴覚への刺激を調整する」「教室の前面を意識的にすっきりさせる」「授業に不必要なものを机の上に置かない」「座席を集中しやすい位置に配慮する」のようなものが該当します。この視点を意識することで，子どもに授業中余計な情報が入らず，集中して学習に取り組めるようになります。

　**目標やルールの明確化に関する視点**　「学級目標の視覚化」「学級目標のスモールステップ化」「ルールの全体での確認」のようなものが該当します。小学校で設定されているスタンダードは，どの教員でも同じで不公平感を作らないという面が含まれています。この視点を意識することで生活や学習の基本姿勢が整います。

　授業の内容だけでなく，ユニバーサルデザインの考えに基づく環境整備を行うことで，授業に取り組みやすくなる子どもの割合が増えます。結果として，授業への参加が難しかったり，学習内容が理解できなかったりして，よ

り個別に丁寧な支援を必要とする子どもに対しても，適した指導や支援が行えるようになります。子どもにとって分かりやすい魅力的な授業になることで，学習に対する子どもの姿勢が向上し，教員と子どもとの関係もよりよくなります。

　　**低学年での「聞く」「見る」を意識した授業**　小学校入学前の幼稚園や保育園での生活はさまざまです。小学校入学によって子どもの生活は大きく変わります。座って一定時間話を聞くことや，指示されたものを見て答えるということが初めての子どもがいます。子どもは学校で学ぶ学び方を身に付けるところから始まります。そのため，特に小学校低学年では「聞く」「見る」を意識した授業を行うことが重要だと考えます。

　　毎時間の授業の導入で，教員が言う数字や単語を静かに聞いて書いたり，子どもの興味を引くキャラクターや数字を書いたカードを提示して目で見て数えさせたりすることで「聞く」「見る」力は高まり，学習に向かう姿勢が整います。教員がしっかりと聞いていたことに対して「よく聞けていたね」「がんばっているね」と言葉にして返すことで，子どもたちは自分たちが褒められた，先生が認めてくれたと感じます。提示したカードを見た先に，教員のアイコンタクトや笑顔があれば，教員が子どもの「見る」行為を認めてくれたという非言語コミュニケーションが成立し，子どもはそれまで以上に教員に注目するようになります。

　　一人一人の子どもとの関係を深めるためにも，授業の内容だけでなく，環境整備や低学年からの学習姿勢の確立を意識した取組を積極的に行いましょう。

　　**大切なのは子どもを理解しようとする姿勢**　子どもとの関わりは，部活動（クラブ活動）や児童会・生徒会活動のように学級や授業を超えたところでも行われます。どのような場面でも，子どものことを理解しようとする姿勢をもつことで，一人一人の子どもとの関係は深まります。子どもにとっても，

いろいろな教員と関わる中で，人との関わりの幅が広がります。学校の中に「趣味の話はA先生としよう」「国語の話はB先生としよう」というように話ができる教職員が増えることは，子どもにとって安心・安全な学校になっていることに他なりません。一人一人の子どもを理解しようという気持ちをもって接することで，子どもとの信頼関係が育ち，保護者とも良好な関係が築けます。信頼関係作りに近道はありません。日々の子どもとの関わりを大切にして，一歩ずつ関係を深めてください。

## 2－3　日常の関係で保護者とつながる

### 2-3-1　保護者との関わりの基本的な視点

　教育基本法第十条には，「家庭教育」の規定が示されています。そこには，「父母その他の保護者は，子の教育について第一義的責任を有するものであって，生活のために必要な習慣を身に付けさせるとともに，自立心を育成し，心身の調和のとれた発達を図るよう努めるものとする」「国及び地方公共団体は，家庭教育の自主性を尊重しつつ，保護者に対する学習の機会及び情報の提供その他の家庭教育を支援するために必要な施策を講ずるよう努めなければならない」と記されています。保護者は子どもの教育の第一義的な責任者であり，家庭教育が子どもに与える影響は非常に大きいです。家庭教育を円滑に進めるためにも，学校と家庭が連携をして子どもの成長を支えていくことが必要です。教員は，直接的・間接的に一人一人の子どもを通して，保護者との関わりをもちます。教員と保護者は基本的には「子どもに健全に成長してほしいという思いを共有するパートナー」です。保護者と関わる中で，保護者の思いや家庭の状況などを知ることができ，より効果的な子どもへの指導や支援が見えてきます。保護者に対しても，関係が深まることで，学校としての方針や教員の学級経営に対する思い，子どもに対する期待などが伝わりやすくなります。

## 2-3-2　入学式

　入学式は，ほとんどの保護者が参加します。期待や不安が入り混じった中で，子どもも保護者も登校してきます。

　人との出会いでは第一印象が重要です。メラビアンの法則にあるように，他人から受け取る情報の割合は，表情やしぐさなどの視覚情報，話す声の大きさやテンポ，話し方などの聴覚情報の方が，話す言葉の内容などの言語情報よりも大きいです。教員は清潔で好感をもたれる服装で臨み，話をするときには表情と話し方に気を付けます。入学式は，ベテランの教員でも緊張します。事前に話の内容を確認するだけでなく，鏡を見て，話し方や表情のチェックもしておくと効果的です。

　入学式後の学級活動では，保護者と子どもを前に話をする時間があります。この時間を有効に活用して，こんな学級にしたい，保護者にはこんなことを協力してほしいという教員の思いや願いを，保護者と子どもに同時に伝えます。1年間の生活の中では，子どもから保護者に学校でのことが十分に伝わらないこともあります。保護者が何か不安に思うことや，確認したいことがある場合は，直接相談をしてほしいことを伝えます。保護者と一緒に子どもの成長を支えていくという姿勢を示し，協力を依頼します。最後に，翌日の確認をして解散する前に，個別に相談がある場合は，残って話を聞くことを伝え，しばらく教室に残るようにします。

　この日に教員と保護者がどのように出会うかによって，その後1年間の学級経営が変化します。学年主任などが学年全体の保護者に向けて話す内容を確認して，学級での話を考えると，より伝えたいことが明確になります。

## 2-3-3　授業参観・懇談会

　初めての授業参観・懇談会は，4月の早い時期に設定されることが多いです。日常の授業がしっかりと行われていることを見せることで，保護者の安心と信頼につながります。

　**授業参観**　授業では，学習課題をはっきりさせ，①自分で考え解決する時間，②グループで発表する時間，③分かったことをまとめる時間など，何をしているかが分かるようにします。ICTを活用して授業を分かりやすくしているなど，普段から工夫していることも示すようにします。

　授業中の子どもの質問や発表への受け答えから，子どもと教員との関係が伝わります。普段から子どもたちの発言を受容的に聞いていたり，机間指導で個々の状態を把握して個別に話しかけていたりする姿が授業の様子から伝わると保護者は安心します。

　授業参観は年間で複数回設定されていることが多いです。年度後半の授業参観では，当日だけでなく，それまでの積み重ねが見える掲示物を準備したり，子どもの作品や活動の様子を示した写真を掲示したりすることで学級の雰囲気が効果的に伝わります。

　授業参観では，小学校は学級担任が授業をすることが多いので，どの教科のどの内容を見せるかという視点も必要になります。中学校では，自分の教科以外の授業になることもありますが，時間があって学級の様子を見に行くことが可能であれば見ておくと，授業の様子が分かったうえで懇談会に臨めます。学校によっては，最初の授業参観は担任の授業が見られるように時間割を工夫している学校もあります。

　**懇談会**　授業参観後に懇談会が設定されていることが多くあります。

　年度初めの懇談会では，お互いの顔が分かるように，教員と保護者の自己紹介などから始め，今日の授業の狙いや，学級の様子，今後の年間行事に向けた取り組みや教員の子どもに対する思いなどを話します。年度後半の懇談会では，学級の様子の変化や子どもの成長なども具体的なエピソードを交えて伝え，学習の成果や行事の様子を掲示物などで示して伝えるように意識します。さらなる成長を期待するという視点で，次年度に向けて家庭と協力して伸ばしていきたいポイントなども伝えると，家庭で協力してほしい点も伝えることができて効果的です。

　授業参観や懇談会は，特に，学校での様子を保護者に伝えないタイプの子どもの保護者には，学校やクラスの様子を直接知ってもらう貴重な機会になります。教員が一方的に話すだけにならないように，関係の深い保護者に感想を言ってもらって，話をしやすい雰囲気を作るなど，保護者間の交流もできるように意識します。

２－３－４　個人面談
　定期的に設定されている個人面談は，保護者に子どもの頑張りや成長の様子を具体的に伝え，学校での子どもの様子を共有する機会になります。保護者から家庭での様子や最近の変化，学校に期待することなどを聞くこともできるので，面談後の指導や支援に生かすことができます。
　保護者は自分の子どもが学校でどのような生活を送っているかとても興味があるのと同時に，教員が自分の子どもをしっかりと見てくれているかを気にしています。教員が子どもの様子を普段から把握していれば，子どもの頑張っていることや出来るようになったことを具体的に伝えることができます。自分の子どもの良いところを伝えられて，嫌な気持ちになる保護者はいません。子どもとの関わりの中で気付いたことをしっかりと記録に残して，保護者に伝える準備を日常的に行います。授業に集中できていないように感じる，成績が急に下がっている，遅刻や欠席が増えているなど，担任として気になることがあれば，保護者に家庭の様子などを教えてもらい，協力して子どもの成長を支えていきたいことを伝えます。
　個人面談では，保護者から「子どもの発達の遅れが気になるので特別支援学級のことが知りたい」「放課後の友達との関係で気になることがある」などの相談を受けることがあります。その場合はできるだけ具体的に話を聞いて，担当と確認をしたうえで連絡をすることや，子どもからも話を聞いて分かったことを伝えることを約束します。このような場合には，心配なことなどがある場合は，改めて面談の場を設定することが可能であること，相談された内容について，継続して子どもたちの様子を見ていくことを伝えること

で，保護者の不安が増幅することなく連絡を待つことができます。約束した内容については，早急に確認をして連絡をします。

## 2-3-5　学校行事

　学校行事（運動会，体育祭，合唱祭，文化祭など）で，子どもたちは，自主的に活動し，協力をして取り組む過程で成長していきます。一人一人が目標をもって取り組み，集団で一つのことを成し遂げることで，学級への所属感や達成感を得ることができます。保護者には行事を通した子どもたちの頑張りや成長を伝えるように心がけます。

　行事当日の様子は，参観に来た保護者に伝わりますが，教員としては，当日の結果がすべてではなく，当日に至る過程も知ってもらいたいという気持ちが強く沸きます。行事が近づいたら，学級通信の臨時号を出して，行事に向けてのクラス目標や練習のエピソードを伝えたり，実行委員などの取組を紹介したりして成長の経過を知らせると，教員が一人一人の成長を大切にしていることが伝わり，保護者からの信頼につながります。

　行事が終わった後も，子どもの感想を載せたり，学校で実施した保護者アンケートから学級に対するコメントを抜粋して紹介したりすると，教員と保護者がともに子どもの成長を喜び合う関係を築くことができます。

## 2-3-6　新入学説明会

　新入学説明会は4月に入学する子どもの保護者を対象とした説明会です。小中学校の教育目標や学校生活に関する説明や，入学式までに準備するもの，入学式当日の時間や持ち物などについて話をします。教員は会場準備や受付など，それぞれの役割分担に沿って説明会に関わります。当日の保護者配布資料などが事前に配られるので，必ず内容を確認します。保護者から具体的な質問を受けた場合に，直接答えることが難しくても，分かっている人のところに連れて行くことができれば，保護者は問題を解決でき，教員間の連携ができている学校と感じます。困った時に誰に聞けばよいかまで確認をして，

説明会に参加してください。

　なお，小学校入学前には，学校保健安全法に基づき，翌年４月に小学校へ入学する子どもを対象に就学前健康診断も行われます。学校を会場として行うこともあるため，当日は，入学予定の保護者から，場所についての質問などを受けることがあります。初めての学校で緊張する保護者や入学予定の子どもが安心できるよう，会場やタイムテーブルについて確認しておき，スムーズに案内できるように準備をしておきます。

## ２−３−７　学級通信や連絡帳

　**学級通信**　子どものときに，教員が学級通信を配っていたことを覚えている人も多いと思います。例えば，週末に翌週の予定だけでなく，心に残った子どもの様子や近々行われる学校行事に向けての教員の思いなどを入れるようにして，効果的に学級通信を使うことで，保護者に子どもの学級での様子や成長した様子などが伝わり，保護者の安心と信頼を得ることができます。帰りの会で子どもに通信の内容を伝え，保護者は子どもが持ち帰った通信を読むというようにすると，子どもにも保護者にも同じことが伝わります。学級通信では，数週間先に必要になる，家庭で準備が必要なものについても触れるようにします。保護者が仕事をしていると，急な準備が難しい場合があります。遅くとも２週間前には伝えるようにすることで，見通しをもって準備をすることができ，計画性のある教員という評価も得られます。

　**連絡帳**　小学校では連絡帳を使って保護者とやりとりをすることもあります。毎日確認をする中で，保護者からの問い合わせ等があった場合は，返事を書く前に学年主任や管理職と返事について確認をします。特に，学校としての見解が必要になる内容で即答できない場合は，確認をしてから返事をする旨を記入し，近日中に返事を書きます。内容によっては文章では伝えにくく誤解を招く可能性もあるため，直接電話で伝えることもあります。

　保護者との関わりは何か問題が起こったときだけつながるという関係で

はありません。日常的に子どもを通して関わりをもつことで，関係が深まり，保護者の困っていることの相談や，子どもの家庭での様子などが自然と出るようになります。気になる行動や学校で注意したことを電話で伝える際も，マイナスの話だけでなく，保護者の子育ての頑張りや協力によって子どもが成長していることも伝えます。保護者は一緒に子どもを育てていくパートナーです。教員としてできることを考え，積極的に関係を作っていきましょう。

## 2-3-8　いじめが疑われる場合

　いじめは，平成25年に施行された「いじめ防止対策推進法」第二条で「児童等に対して，当該児童等が在籍する学校に在籍している等当該児童等と一定の人的関係にある他の児童等が行う心理的又は物理的な影響を与える行為（インターネットを通じて行われるものを含む。）であって，当該行為の対象となった児童等が心身の苦痛を感じているもの」と定義されています。

　いじめの原因はさまざまで，心理的なストレスや集団内の異質なものへの嫌悪感情，ねたみや嫉妬感情などが原因として考えられます。いじめは「いじめる側」「いじめられる側」だけでなく，周りではやしたてる「観衆」，見て見ぬふりをしている「傍観者」を含めた4層構造になっています。「傍観者」がいじめを仲裁するような役割を果たすように，教員は，普段から高い人権感覚をもって，いじめが起こりにくい集団を作っています。

　教員はいじめの事実があると疑われるときは，学校いじめ対策組織に報告します。そのうえで，学校いじめ対策組織がいじめの認知や事実確認，いじめを受けた子どもへのケア，いじめた子どもへの指導，双方の保護者への説明等を学校としてどのように進めていくか決めていきます。

　現在のいじめの定義は，問題の初期段階から積極的に対応し，重篤化を防ぐといういじめ防止の観点から定義されています。いじめの認知件数が多いことは，教員が子どものことをよく見て，組織で認知し対応していることを示しています。いじめが疑われると感じたときは，自分一人で抱え込まず，

積極的に学校いじめ対策組織に報告してください。

　いじめを受けた子どもの保護者は「わが子をいじめから助けたい」という気持ちでいっぱいです。保護者の気持ちを受け止め，共感的な態度で接していきます。

　教員がいじめに気付き保護者に連絡をする場合は，電話等での一方的な伝達にならないように気を付けます。保護者からの相談で分かった場合は，相談しにくい内容を話してくれたことに対する感謝の気持ちを伝え，不安な気持ちを受け止め，謙虚な態度で接します。学校としていじめられている子どもを第一に考えて対応することを伝え，子どもの様子や学校での問題解決に向けた取り組みとその状況，今後の見通し等について適宜丁寧に連絡をしていきます。連絡の際には，家庭での様子や変化，心配ごとなどを聞いて，家庭からの情報を共有することも大切になります。

　いじめの解決は簡単ではありません。いじめられた子どもの傷つきが十分にケアされていない状態や，いじめた子どもの内省が十分でない状態で謝罪の場を設定することは適切ではありません。いじめの要因や背景を考えて対応するには時間が必要であることも保護者に伝え，理解を得るようにします。

## 2-3-9　学校での事故やケガ

　子どもが学校で生活をする中で，休み時間に遊具で遊んでいてけがをする，側溝につまずいて転倒するなど学校の管理下で事故が起こり（以下学校事故とする）保護者に連絡をすることがあります。

　学校の施設や設備の安全の確保をすることは学校の責務です。学校は安全点検等を行い，危機管理マニュアルの作成や見直し，子どもへの安全教育，訓練の実施，教職員への研修の実施など日常的に学校事故の未然防止に取り組んでいます。教員は，万一，学校事故が発生した場合に適切に対応できるように，子どもの命を預かっていることを重く受け止め，学校事故の未然防止に取り組みます。

　学校事故が発生した場合，基本的には学校で作成されている危機管理マ

ニュアルに沿って対応します。子どもへの応急手当や安全の確保，状況の把握，保護者への連絡，周りで見ていた子どもへの心のケアなどが含まれます。

　大切な子どもが学校でけがをしたとの連絡を受けた保護者のショックは計り知れません。何が起こったのか，どうして起こったのかを知りたいという保護者の気持ちに寄り添い，学校事故についての正確な情報を提供して，信頼関係を損なわないようにします。学校は事故後に事故原因を分析し，再発防止を図ります。再発防止の内容を含めて保護者に説明をする際には，管理職などが対応することもありますが，学校として伝えるべきことをしっかりと理解して保護者と連絡を取ることが大切になります。

　学校には毎日多くの子どもが登校してきます。教職員は子どもが安全に登校して，元気に家に帰るまで，それぞれの役割に応じて子どもと関わり，支援や指導を行います。

## 2－4　支援を必要とする子どもの保護者とつながる

　通常学級には，特別な支援を必要とする子どももいます。特別支援学級への転籍や通級による指導を検討することもあります。また，日本語指導が必要な子どもが在籍していることもあります。これらの子どもには特別な教育課程を実施することがあります。通常学級以外の学びの場の利用を検討する保護者から相談を受けた際に，子どもがそこでどのようなことを学ぶのか説明ができることは，保護者の信頼獲得や不安の軽減につながります。不登校の子どもも含めて特別な支援を必要とする子どもの保護者との関わりを紹介します。

### 2-4-1　特別支援学級

　特別支援学級は，学校教育法第八十一条第二項の規定による障害のある子どもを対象とする学級です。子ども一人一人の教育的ニーズに応じて，身に付けさせたい資質・能力を明確にし，目標や学習内容を設定して，指導や支援を行います。

　特別支援学級は，小・中学校の学級の一つであるため，学校教育法に定める小・中学校の目的・目標を達成するものでなければなりません。しかし，障害の種類，程度等によっては，通常学級と同じ教育課程をそのまま適用することが適当でない場合があります。そのため，例えば知的障害のある場合，各教科の目標や内容の全部又は一部を，下学年の目標や内容に替えたり，知的障害特別支援学校の各教科に替えたりすることができるなど，実情に合った教育課程を編成することが可能になっています。時間割を見ると，生活単元学習，作業学習のような通常学級の教育課程にはない，教科等を合わせた指導の名称が入っていることがあります。

　また，障害による学習上や生活上の困難を改善したり克服したりし自立を図るために，特別支援学校学習指導要領の「自立活動」を取り入れることが規定されています。

　**転籍を考える保護者**　特別支援学級への転籍を考えている保護者と面談等を行う場合には，通常学級と教科の指導時間数が異なる可能性があること，自立活動の時間があることなど，特別支援学級の教育課程について説明をする必要があります。また，交流及び共同学習についても，特別支援学級を中心に生活する中で交流及び共同学習を進めていくことを確認します。

　**特別支援学級の担任として**　特別支援学級の担任として保護者と日々の関係を作る際には，子どもが保護者に自分で伝達することの難しさがあることを意識して，保護者との情報共有を行います。子どもが毎日の授業の内容を書いたり，一日の振り返りを記入したりした連絡帳を用意する中に，保護者と担任の連絡欄も設けて，情報を共有する工夫をしたり，学級通信内に連絡事項と活動の様子を入れて伝えたりすると保護者との情報共有ができます。子どもの表情がさえない時や，いつもと様子が異なると感じるときは，直接保護者に連絡をして，学校での様子が気になったこと，家庭でも様子を見てほしいことなどを伝えることも効果的です。日々のやり取りを繰り返すこと

で，教員と保護者の間でちょっとしたことでも相談できる関係が育まれます。
　特別支援学級に在籍する子どもには，自己決定の難しさがある場合もあります。そのため，中学校での進路指導については，1年次から計画的に行う必要があります。以前は特別支援学級からは特別支援学校への進学の割合が半数を超えていましたが，進路先が多様になっています。子どもや保護者から名前が挙がった学校の体験学習や見学会などの情報を，通常学級の進路担当教員などから入手して，保護者に提供できると信頼が増します。
　小学校在籍の保護者も進路についての関心が高い場合があります。小中連携で進路の情報を共有したり，中学校の教員を小学校の特別支援学級の保護者会に呼んで，中学校の説明とあわせて進路についての話をしてもらったりするなどの工夫をして，保護者支援に取り組んでください。

## 2-4-2　通級による指導

　通級による指導を受ける子どもの数は年々増加しています。通級による指導は，大部分の授業を通常学級で受けながら，一部，障害に応じた特別の指導を特別な場（通級指導教室）で受ける指導形態です。障害による学習上や生活上の困難を改善したり克服したりするために，特別支援学校学習指導要領の「自立活動」に相当する指導を行います。自治体ごとに定められた手続きを経て利用します。
　子どもが通級を利用する場合は，保護者から担任などに「子どもの発音が気になる」「友達との関わりの方法が上手くない」など，子どもの様子についての相談があり，通級による指導があることを説明した結果，利用につながることがあります。学校教育法施行規則第百四十条などに対象となる障害種が記載されていますが，自治体によって設置されている障害種は異なります。事前に自分が所属する自治体の設置障害種や実施形態について確認してから相談に臨むようにしてください。
　保護者は，子どもの発達のことで悩んでいたり，不安を抱えていたりします。面談では，まずは保護者の話をしっかりと聞いて，心情を把握するよう

に努めます。子どもの様子について伝える場合は，「できるようになったこと」や「頑張っていること」，「教員のサポートがあればできること」も伝え，保護者の話と，子どもの日常での様子から考えられる利用可能な資源について，通級による指導を含めて情報提供します。後日，保護者が通級による指導を実際に希望してきた際には，利用に向けた手続きを説明します。

　通級による指導を受けている子どもの保護者との面談では，通級でどのような指導を受けているか，通級担当教員からどのような助言を受けているか，通級での指導を受けて家庭でどのようなことを意識しているかなどを聞くようにします。その際，子どもの学級等での活動への取り組みの姿勢や友達との関わりの変化などについて伝えると，保護者は自分の子どものことをよく見てくれて，理解してくれていると感じます。

　通級による指導を受ける子どもは，大部分の授業を通常学級で受けています。通級担当教員は子どもや保護者の成長を支えるパートナーであり，教員の指導の幅を広げる視点を提供してくれる助言者でもあります。子どもを通級につないだから安心ではなく，通級担当教員と連携を密にとって情報を共有し，日常の指導や支援の充実に取り組んでいくことが大切です。

## コラム：自立活動とは

　子どもが自立を目指し，障害に基づく種々の困難を主体的に改善・克服しようとする取組を促す指導領域になります。内容として「健康の保持」「心理的な安定」「人間関係の形成」「環境の把握」「身体の動き」「コミュニケーション」の六つの区分の下に 27 項目が設けられています。一人一人への丁寧な実態把握を行い，個々の子どもに必要とされる項目を選定し，相互に関連付け，具体的な指導内容を設定し，自立活動の時間及び教育活動全体を通じて指導します。

### 2－4－3　日本語指導が必要な子ども

　日本語指導が必要な子どもの数は年々増加しています。平成26年に学校教育法施行規則が改正され，日本語の習得に困難がある子どもに対し，日本語の能力に応じた特別の指導を行うため，特別の教育課程を編成し，実施することが可能となりました。

　日本語の習得に困難のある子どもに対し在籍学級以外の教室などで，学校生活や学習に必要な日本語の能力を高める指導や，日本語の能力に応じた各教科等の指導などを行うことができます。日本の学校生活や社会生活について必要な知識を学び，日本語を使って行動する力を身につけるために，学校生活で日常的に使う言葉（教科の内容や教室にある物の名称や文房具なども含む），健康・安全・関係づくりなどに関係する言葉なども含めて指導を行います。

　日本語指導が必要な子どもは，保護者も日本で教育を受けた経験がなく，日本の教育システムについて知らないことがあります。日本の学校に通うことの不安をもっているので，担任等の立場で関わる際は，面談等で丁寧に話をして関係を作るように意識します。転入等で保護者の生活環境が変わっている場合は，新しい環境に慣れるという負担も加わり，その不安はさらに大きくなります。

　日本語指導が必要な子どもの保護者と面談等を行う際には，在籍学級以外の場所で，日本語の能力に応じた特別な指導を受けられることを伝え，実際の指導時間数等が決まったら後日連絡をし，定期的に学校生活や日本語指導の時の様子などを保護者に伝えるようにします。日本に来た保護者にとって，子どもが学校でどのようなことを学んでいるのか，どのような様子で生活をしているのかを伝えることは，保護者の不安の軽減につながります。子どもの日本語理解の様子は，日本語指導の担当と共有したり，子どもと日本語で会話をしたりする中で，理解が深まっていることを確認します。

　なお，面談等に通訳が同席することで，お互いの意思疎通がよりスムーズになります。学校が伝えたいことがより具体的に伝わり，保護者が疑問に思っ

ていることや知りたいことについても具体的に返答できます。通訳について
は，自治体の利用方法を確認して，保護者との関係を深めるために効果的に
活用してください。

## ２‑４‑４　不登校の子ども

　学校は，温かな学級風土を醸成したり，学級以外の居場所ができるように
したり，分かりやすい授業を工夫したりして，学校に子どもの居場所ができ
るように努めています。このような取り組みは，新たな不登校を生まない取
り組みになりますが，さまざまな要因や背景により，不登校になっている子
どもがいます。

　不登校の子どもについては，個々の状況に応じた必要な支援を行うことが
必要です。教室に登校して授業を受けることだけを目標にするのではなく，
子どもや保護者の意思を尊重しつつ，子どもが自らの進路を主体的に考えて，
社会的に自立することを目指す支援を行う必要があります。

　不登校の子どもを支援する際は，学級担任だけでなく，教育相談担当教員
やスクールカウンセラー，スクールソーシャルワーカー等の専門スタッフが
連携・分担し学校全体で関わりをもつ支援を行うことが大切です。不登校の
きっかけや継続理由，学校以外の場所で行っている学習活動の状況等につい
て，家庭訪問も含めて継続的に把握をして関わりをもつようにします。家庭
で多くの時間を過ごしている場合は，ICT等を通じて必要な情報提供や学
習支援を行うことも考えられます。子どもの状態によっては，放課後他の子
どもがいない時間に学校に来て教員と会う，保健室や相談室など本人が安心
して登校できる場所に可能な時間に登校するなどの配慮が効果的なこともあ
ります。さまざまな配慮をすることで，少しずつ登校できる日が増えたり，
学校にいる時間が長くなったりすると，生活のリズムも整います。学習に対
する支援も意識しながら，子どもの気持ちに寄り添った関わりを続けていき
ます。

　不登校の子どもの保護者に対しては，課題意識を共有して一緒に子どもの

支援に取り組むという信頼関係を作ることや，保護者が気軽に相談できる体制を整えることが大切になります。学校ができる支援を伝えることや，不登校の子どもへの支援を行う機関や保護者の会等に関する情報を提供すること，スクールカウンセラーやスクールソーシャルワーカーへの相談も可能であることを伝えることなどが考えられます。子どもや保護者を孤立させないための支援体制を作り，学校として子どもや保護者を支えていく姿勢を示すことが大切です。

## 2-4-5　障害受容という視点からの保護者理解

　個人面談などで保護者が自分の子どもの学習面や生活面を心配して，通級で指導を受けることや特別支援学級へ転籍することついての相談を受けることがあります。保護者が心配事を教師に話すことは非常に勇気がいることです。相談するまでの保護者の心情を理解して話を聞くために，障害の認識と受容について知っていることは保護者を支援するうえで役立ちます。

　わが子が何らかの障害を抱えていることを知った保護者が，すぐにそれを受け入れることは簡単ではありません。障害の認識と受容の理論として，いくつかの見解が論じられています。代表的なものを三つ紹介します。

　**段階説**　障害告知後に感情の変化が段階的な過程で表れると考えます。それぞれの理論によって段階の数や内容に違いはあるものの，段階説では告知後のショックから激しい感情反応を経て回復へと進むと考えます。例えばドローターら（1975）は先天性の奇形をもつ子どもの親の心理的な反応を，ショック・否認・悲しみと怒り・適応・再起という5段階に分類しています。段階説は，障害を知ったために生じる混乱が自然な反応であり，時間の経過とともに回復して障害を受容できるようになると考えます。保護者の苦悩，悲嘆や怒りが正常な反応であることを指摘した点で，障害受容に一つの視座を与えました。保護者を支援する人にとっては，時間経過に伴う感情の変化の見通しをもって接することができます。

**慢性的悲哀説**　障害のような終わることがない状況では，悲哀や悲嘆が常に内面に存在します。慢性的悲哀説では，常に悲哀の状態にあるのではなく，子どもが歩き始める時期や言葉を話すようになる時期，進学する時期など発達の節目で悲嘆が再起すると考えます。

**螺旋型モデル**　中田（1995）は，段階説と慢性的悲哀を包括し，広範に適用できる障害受容過程モデルを考え，障害受容の過程は，肯定と否定の両面をもつらせん状の過程とするモデルを考案しました。このモデルでは保護者の内面には障害を肯定する気持ちと否定する気持ちの両方の感情が常に存在し，表面的には二つの感情が交互に現れ変化していきます。その過程は連続した過程であり，段階説の唱えるようなゴールとしての最終段階があるのではなく，すべてが適応の過程であると考えます。

　これらの理論から，障害受容の過程はそれぞれの保護者によって異なり，教員が意図して進めることができないものであることが分かります。しかし，保護者の障害受容という視点を教員がもつことで，保護者の状態から，どのような話をすることが効果的か，今はこの話は早いのではないかなど相手の状態を考えた支援を行うことが可能になります。「具体的な支援の情報を提供しても受け入れられそうか」のように保護者の障害受容の状態を面談などから感じ取り，必要な情報の提供と信頼関係作りにつなげてください。
　保護者は，障害のある子どもを育てるうえで必要なさまざまな情報を求めています。障害受容が十分ではないと感じる保護者に対しては，「子育て」という視点から，子どものできるようになった点や子どもの優れている点など成長している部分を伝えるアプローチが効果的なことがあります。また，「○○の工夫をすると，一人でできるので，家でも○○の支援をお願いします」のように，将来に向けて子どものためにどうしたらよいかを考えるきっかけとなるようにアプローチをすると効果的なこともあります。

　保護者は教員が自分の子どもと向き合う姿勢を感じると，学校や教員が十分な支援をしてくれていると思います。教員からの「どのような支援が必要か」というひと言で，安心感を覚えます。教員の子どもに対する支援の姿勢と保護者が安心を感じるような言葉がけを日常から意識して，一緒に子どもを育てていくパートナーとして関係を深めていきましょう。

### コラム：合理的配慮

　障害者の権利に関する条約では，合理的配慮は，「障害者が他の者との平等を基礎として全ての人権及び基本的自由を享有し，又は行使することを確保するための必要かつ適当な変更及び調整であって，特定の場合において必要とされるものであり，かつ，均衡を失した又は過度の負担を課さないものをいう。」と定義されています。

　合理的配慮の提供についての申し出があった場合は，学校全体として合理的配慮の提供を行う判断が必要になります。合理的配慮は個別性が高いものであり，基礎的環境整備の状況によっても変わるため，個々に必要な配慮を考える必要があります。本人や保護者の申し出に対して，合意形成を図ったうえで提供します。合理的配慮は，個別の教育支援計画や個別の指導計画に記載をして，子どもの状態の変化に伴い，柔軟な見直しを行います。

参考文献

児童心理（2013）.「保護者面談・親面接を深める」『児童心理 2013年6月号臨時増刊』金子書房

文部科学省（2016）.「学校事故対応に関する指針」(https://anzenkyouiku.mext.go.jp/mextshiryou/data/jikotaiou_all.pdf)

文部科学省（2018）.『小学校学習指導要領（平成29年告示）解説総則編』東洋館出版社

文部科学省（2020）.『中学校学習指導要領（平成29年告示）解説総則編』
　　東山書房

文部科学省総合教育政策局男女共同参画共生社会学習・安全課（2019）.「外
　　国人児童生徒受入れの手引（改訂版）」（https://www.mext.go.jp/
　　a menu/shotou/clarinet/002/1304668.htm）

諸富祥彦編（2022）.『教師とSCのためのカウンセリング・テクニック4
　　保護者とのよい関係を積極的につくるカウンセリング』ぎょうせい

中田洋二郎（2018）.『発達障害のある子と家族の支援』学研プラス

横浜市教育委員会（2014）.『「いじめ」根絶横浜メソッド』学研教育みらい

# 3　心理士として保護者を理解・支援するために

　この章では，心理士として保護者を支援する視点と方法について紹介します。心理士は，臨床心理学の理論に基づくカウンセリング，心理検査や面接による心理アセスメント，コンサルテーションの技術を用いて保護者に支援を提供しています。第1節では，心理士の専門性を支える臨床心理学の理論と心理士が保護者支援を行う場所について紹介します。第2節では，保護者との信頼関係を築くための心理士の視点について説明します。第3節では，心理的支援の基本について，カウンセリングを例に支援の流れを説明し，話を聴いて保護者を支える技術を紹介します。第4節では，保護者の支援法として，親ガイダンス，ペアレント・トレーニング，心理教育を紹介します。

## 3－1　専門性を生かした協働

　心理士を目指すみなさんは，「困っている子どもの助けになりたい」「話を聴くことで人の力になりたい」などの動機をもって，心理学を勉強しているのではないでしょうか。心理士は，臨床心理学の理論に基づいて支援を行う専門家です。臨床心理学は，心理的な課題の原因やメカニズムに関する異常心理学の理論，集団の中で個人の特徴を統計的あるいは意味的に示す心理アセスメントの理論，人間の発達に関する発達心理学の理論，実践の場面で育まれた心理学的支援の理論に基づいた実践のための学問です。

　不適応や精神的な障害がどのように生じたか，症状に対してどのような治療を行って回復へ導いたらよいかは，精神医学の実践と研究で扱われきたテーマです。臨床心理学でも不適応や障害を扱いますが，医学が怪我や病気などの人体にとって異常な状態を個別に扱うことから発展した学問であるのに対して，臨床心理学は健康な人を含めた人間全体の中で人間を見立てていきます。そして心理的な課題をもつ人の不適応の面とともに，その人の健康な面や資質，生きていくうえでの強みを大切にして支援を組み立てていきます。

　教育学は，「子どもをどう教育するか」という実際的な教育の技術から始まったものです（小笠原，1994）。学校教育が，学校の中で行われる子どもの教育と成長を扱っているのに対して，臨床心理学では誕生から死までの人のライフサイクルの全体，家族や関係者との関係を含めて人間を見ていきます。そのため，臨床心理学の専門家は，心理的な課題をもつ人がどのような乳幼児期を送ったかという過去にも関心を向けますし，心理的な課題に取り組んでいる現在にも，将来どのように生きたいと希望をもっているかにも目を向けます。このように，臨床心理学は人間の心理を全体的な視点から理解して支援につなげていくのが特徴です。

表3　心理士が保護者と出会う主な場所

| 分野 | 施設・機関 |
|---|---|
| 教育 | 学校教育法に規定する学校<br>教育相談センター |
| 保健医療 | 病院・診療所（主に，小児科・児童精神科・心療内科）<br>市町村保健センターの母子保健サービス（乳幼児健診等）<br>他 |
| 福祉 | 障害児通所支援事業（放課後等デイサービス等）<br>児童福祉施設（児童養護施設，乳児院，情緒障害児短期治療施設，児童自立支援施設，児童家庭支援センター等）<br>児童相談所<br>認定こども園<br>発達障害者支援センター<br>子ども・若者総合相談センター<br>他 |
| 司法矯正 | 裁判所（家庭裁判所）<br>少年刑務所，少年院，少年鑑別所<br>更生保護施設 |

　心理の資格には，国家資格である公認心理師，認定資格である臨床心理士，学校心理士，臨床発達心理士等の資格があり，心理士の多くはこれらの資格を取得して実践を行います。心理士は，学校や教育相談センター等の教育機

関のほか，表3にあるような医療保健領域，福祉領域，司法領域で子どもの
保護者を対象にした支援を行っています。この中の一つの分野でキャリアを
積み専門性を高めていく心理士もいれば，複数の分野や機関で経験を積み他
分野での実践を応用する者もいます。学校の教員が一つの学校に所属し，毎
日子どもの育ちを支援していくのとは異なり，心理士は子どもや保護者に課
題が生じた際に関わり，学校外での支援への橋渡しも含めた専門的な支援を
行います。

　心理士は，一つの職場に少数の人員しか配置されないことが多く，かつて
は組織に所属していても自分の専門の中でマイペースに仕事を進めることが
ありました。しかし現在では，すべての実践の場で，多職種や他機関との協
働が求められます。学校は「チーム学校」として教員を中心に複数の専門家
が力を合わせて子どもを支援しますし，医療機関も「チーム医療」として異
なる職種が連携して患者のニーズにあった医療ケアを提供します。心理士は，
専門性を生かしながら組織の一員として協働するよう心がける必要がありま
す。

## 3−2　保護者と信頼関係を築くために

　心理士が保護者と出会うとき，保護者は，子どもの心身の不調や親子関係
の悩みを相談したいと考えて来談します。自ら求めて相談に訪れる保護者も
いれば，学校の先生に勧められて訪れる人もいますが，保護者の日常を支え
る人間関係に頼るだけでは解決できず，学校の教員から助言を得ることでも
解決できない何かを抱え，専門家に相談をするために訪れていることを覚え
ておく必要があります。

　この節では，悩みを抱える人の話を聴くときの基本的な態度と，保護者と
の信頼関係を築くために心がけることについて説明をします。

### 3−2−1　話を聴くときの姿勢

　子どもが課題を抱えたことに悩み，心理士のところへ相談に訪れる保護者

はどのような気持ちでしょうか。多くの保護者は，手を尽くしても子どもの
課題が変わらないことに自信を失っていて，不安であったり，緊張していた
り，混乱して情緒的に不安定になったりしています。専門家の支援を求めな
がらも，自分の失敗を責められるのではないかとおびえている人もいます。
防衛的になって心理士に敵意を向けてきたり，自分が悪くないと保証して慰
めてもらいたいという気持ちをもち込んできたりする人もいることでしょう。

　心理士は，保護者がどのような気持ちで相談に訪れたか，何に困っていて，
何を求めているのかをじっくりと聞いていきます。受容と共感を心がけて，
保護者の話を傾聴していくことが基本となります。保護者のペースに合わせ
て話を聴いて，「クライエントの靴を履く」（フィン，2014）ように保護者
の世界を理解するように努めることが，保護者との信頼関係（ラポール）を
築く一番の近道です。

### コラム：ラポール

　ラポールとは，カウンセリングにおける心理士とクライエントとの
間に形成される，信頼し合える人間関係を示す言葉です。心理的な支
援が効果をもつためには，心理士は親密で暖かい感情の交流をもつよ
う心がけることが大切です。ラポールづくりが支援の第一歩といえま
す。

### コラム：受容と共感

　受容と共感とは，カウンセラーが話を聴くときの基本的姿勢です。
相談者のありのままを受け入れ，相談者の内的世界をあたかも自分自
身の世界であるかのように感じながら理解する姿勢です。クライエン
ト中心療法から広まった言葉ですが，全てのカウンセリングで心理士
に求められる姿勢といえます。

　共感をしながら話を聴いていると，心理士もいろいろな気持ちになりますが，安易な慰め，ねぎらいの言葉をかけることは慎みます。このような言葉は，通常の対人関係の中では気遣いが伝わって来て嬉しく感じたり安堵したりする言葉ですが，心理士が支援の場で使うと，「自分は同情されるような人なのだ」と恥ずかしく感じたり，「少し話しただけなのに本当に自分の苦しみが分かるのだろうか」と不信感や反発を招くことがあり，保護者が安心して話をすることを妨げます。

　保護者に同情することを控えると同時に，保護者の話に批判をしたり非難の気持ちをもったりすることも控え，心理士自身の心の内に置いておくようにします。批判したくなるような話をする保護者は，批判されることに警戒をしていて，少しでも批判の種を見つけると敏感に察知し不信感を募らせることがあります。保護者の話を聴く際には，心理士はさまざまな価値観から離れ，ほどよい中立性をもって話を聴くことが大切です。

### コラム：中立性

　中立性とは，話を聴くときに社会的，道徳的，宗教的価値から中立な態度をもつことを意味します。中立性を保つことで，相談者のもつ過剰な部分や，心理士自身の個人的反応が見えやすくなり，カウンセリングの進行を妨げる感情を見つけやすくします。

### 3 - 2 - 2　子どもについての話題を大切にする

　ラポールが形成され関係が深まってくると，保護者は安心して個人的な問題や家族の問題を話し始めることがあります。このような保護者自身の話をどこまで聴くかは，支援の方針によって異なります。

　永井（2021）は，子どもの問題で保護者が相談に来ている場合は，次のように話を聴くと述べています。

1．子どもの今の生活場面での状態を話してもらうこと

２．子どもの育ち（発達）について知ること

３．子どもと家族との関わりについて知ること

４．子どもを取り巻く環境（学校等）について知ること

　そのうえで，保護者の話す子どもの問題が客観的に見てどの程度の問題なのかを把握すること，保護者自身の話は聞き過ぎずに，子どもについての話と保護者自身についての話は７対３ぐらいの割合で聞くことを推奨しています。永井のいう７対３の割合とは，相談者が保護者であることを尊重する専門家の真摯な態度と決意を示しているものといえます。

　３割しか保護者自身の話を聴かないことに抵抗を感じる人は，次のような例を考えてみましょう。子どもの思春期の発達について相談に訪れた母親のペースに合わせて話を深めていったら，母親自身が性的虐待を受けた話にたどり着いてしまった事例です。母親は大変深い心の傷を負っていますが，相談を受ける機関の体制にも，心理士の技術にも不足がありました。結果として母親を十分に支え回復させることができず，母親は自分の心の傷が気になって以前のように子どもの世話ができなくなりました。このような場合は，母親は傷をさらしたままになってしまうのです。何を聞いて何を聞き過ぎないようにするべきかを考えることも専門的な支援の一部です。

### ３-２-３　保護者との関わりの基本的な視点

　保護者であることを尊重して子どもの話を聴く場とするか，保護者個人の課題を扱う場とするかという問題は，心理療法の理論から見ると，表出的なカウンセリングを行うか，支持的なカウンセリングを行うかということと関係があります。

　保護者の話を聴く際に表出的なカウンセリングを志向する場合，心理士は子どもの問題と保護者の問題が深く関係していることを想定し，子どもの問題の改善のためには保護者自身の心の問題の改善が必要であると考えます。例えば，子どもが小学校に入学したのに一人で学校にいることが出来ず，いつも保護者が付き添うことを必要とする事例があったとします。保護者自身，

子どもに学校に行ってほしいと言いながらも，実は心の中では子どもを手放したくない，成長してほしくないと考えていて，その気持ちが，子どもを一人で学校に行かせることを阻んでいます。保護者の気持ちの根底には，保護者自身が安心して母親から離れて成長することが出来なかった過去が影響しているかもしれません。表出的なカウンセリングでは，保護者の心の深いところにある，子どもを手放したくない気持ち，母親が自分の自立を喜べなかったのと同じように自分も子どもの自立を喜びにくいという気持ち，成長して子どもが自立したら保護者である自分はどうなってしまうのかという気持ちに焦点をあてて，話を進めていきます。保護者が知らなかった自分の心の傷やネガティブな感情に気付き，言葉にして，受け止めることができるようになると，保護者と子どもとの関係は変わり，子どもは自然に一人で学校に行くことができるようになります。表出的なカウンセリングは，自分で気付かなかった心の部分を探求して問題の根本を治すことを目指します。矛盾や葛藤に耐えて投げ出さない力をもつ人に適用できると考えられています。

　支持的なカウンセリングは，子どもの保護者として必要充分に機能できるよう支えていくことを大切にします。支持的なカウンセリングは，表出的方法によって心の深層を扱うと，現在保たれている生活を送るための機能も損傷されてしまうような弱さをもつ人のために考えられた方法です。支持的なカウンセリングの立場では，保護者の心の深い部分，個人的な問題につながる部分は探求しません。代わりに，その時点で利用できる機能を支えて伸ばすように努めます。例えば同じような事例の場合，子どもに学校に行ってほしいと考え専門家に相談することを選択した保護者の判断力や，判断を相談するという行動に移す実行力をもっていることを心理士が言葉にして支持していきます。保護者として子どもが安心して一人で学校に行けるよう努力していることを丁寧に聴き，適応的な努力や健康に向かう力に向かって行動を意味づけていきます。このようにして保護者の親機能が改善すると，子どもも安心して適応に向かって進む力を取り戻すことができます。

　表出的なカウンセリングも，支持的なカウンセリングも，長所と短所があ

りますが，保護者であることを尊重したカウンセリングという点からは，まずは支持的なカウンセリングを行うことが望ましいでしょう。もし，カウンセリングが進むにつれて支持的なカウンセリングだけでは足らず，もっと深く自分の話を聴いてほしいという保護者のニーズが生まれたら，心理士として，個人の内面を深く扱った方が保護者と子どもの人生にとってよい見通しをもてるかどうかを検討します。そして内面を扱う方がよいと考えたら，その時点で，保護者とともにカウンセリングで何を扱うかを改めて相談する必要があります。カウンセリングのスタンスが変わることで話しにくさや聴きにくさが生じる場合は，他の機関を紹介する積極性も心理士には必要です。

## ３－３　話を聴いて保護者を支える

　ここまで心理士の支援の姿勢について説明を行ってきました。この先は，話を聴くことで保護者を支える臨床心理学的な支援の技術を具体的に説明していきます。保護者との出会いの場はさまざまですが，子どもの発達の相談で訪れた個別のカウンセリングを例に，支援の流れを紹介します。

### ３-３-１　支援の準備

　保護者と出会う前に心理士が準備することに，場所や時間の設定があります。場所については，保護者が他の人と会わずにそっと訪れることができるような部屋を準備します。ゆったりと安心して話をできるように配慮するならば，広すぎない部屋に，くつろいで座れるソファを 90 度で向かい合う形に置くのがよいでしょう。足元を隠すことが出来る小さめのテーブル，視線を外すことができるように観葉植物や花を準備する人もいます。時間を確認しやすいように，保護者からも心理士からも無理なく見える場所に時計を置き，今後の予定を確認するためのカレンダーも備え付けると便利です。

　時間は 1 対 1 のカウンセリングであれば 45 分から 50 分で設定されるのが標準ですが，最初に話を聴く場合や複数の人々と会う場合には 90 分程の時間を用意する心理士もいます。記録を整理する時間も含めてスケジュール

を設定しておいた方がよいでしょう。継続的にカウンセリングを行う場合は毎週同じ曜日同じ時間といった形でペースを作った方が保護者の安心につながります。ただし保護者によっては，シフト制の仕事をもっている，下に小さな子どもがいる，介護が必要な親族がいて預け先の都合があるといった事情をもつ人もいますので，保護者に応じて調整できる範囲や機関の方針を把握しておきます。

　保護者と初めて会う日には，少し早めに来てもらって相談申込書に記入してもらいます。相談内容をうまくまとめられず，記入に時間がかかる人もいますが，何を相談したいと思って訪れたのか，自分から相談に来たのか誰かに勧められたから来たのかが申込書によって明確になることがあります。緊急時連絡先の他に，家族構成と年齢などは，話の流れを止めて確認しにくいことがありますので，相談申込書に記入してもらうと確実です。

## 3-3-2　インテーク面接

　最初のカウンセリングをインテーク面接といいます。相談申込書に記入済みであっても，「既にご記入いただいたことと重なっても大丈夫ですので，どんなことで相談したいと思ったのか，話せそうなところから教えてください」と，来談の理由を保護者自身の言葉，保護者のペースで話してもらいます。話を聴く際は，話の内容だけではなく，保護者の話し方，何を話して何を話さないかについても観察しながら聴くようにします。子どもの課題については，どのようなことがいつごろから起きているのか，保護者としてどのように受け止めてどう対応したのかを聴きます。あわせて，子どもが生まれてから現在までの育ちとして，乳児期はどのような赤ちゃんだったか，首の座りやハイハイ，初歩，初語はいつごろだったか，離乳やトイレットトレーニングはどうだったか，幼稚園・保育園・学校での友達や先生との関係，学習への取り組み，習い事や塾などの学外活動はどうかを，心に残るエピソードや気になったことはなかったかを合間で尋ねながら聴いていきます。

　成育歴の聴取は，子どもの育ちについての客観的な情報を得るという目的

と，保護者の話し方から子どもへの関心の程度や親子関係の質を見るという目的があります。成育歴に関する全てのリストを聞く必要はないでしょうが，問題がないことを確認するという観点から，聴くべきポイントは必ず聴くようにすることが必要です。例えば，学校で暴言をはくことで困って保護者が相談に訪れた事例を考えてみます。学習の進度には問題がなく，学校の友達関係も良好，初語や初歩などの発達も順調でしたが，トイレットトレーニングの話では言いよどみ，「トイレットトレーニングはよかったのだけど，小学校入学後もおねしょが続いていて毎晩オムツをして眠っています，そのため修学旅行が心配です」と話されたとします。保護者にとっては，子どもの暴言を改善したいと考えて相談に来たために，夜尿のことは問題として捉えず，心理士に聞かれるまで意識にのぼっていなかったのでしょう。このような話は，子どもの発達の様子を省略せずに聞きながら保護者の話し方に注目することで初めて引き出される重要な情報ということになります。

　保護者が話すのを聴きながら，心理士は子どもと保護者の課題について暫定的な見立てを描いていきます。保護者が訴える子どもの課題が専門的見地から客観的に見ても支援が必要な課題なのかどうか，支援を必要とする場合はどのような支援が考えられるか，子どもの支援が必要ではない場合には保護者に支援が必要かどうかを見立てます。そしてインテーク面接の後半では，時間をとって，暫定としての見立てを伝えます。インテーク面接だけでは情報が乏しく判断が難しい場合は，数回のアセスメント面接を提案して，子どもの生育歴や家族の対応を丁寧に聴いて，子どもと保護者がもつ課題をしっかりと見立てて，一緒に方針を考えることを提案します。

　インテーク面接では，カウンセリングの守秘義務，料金や予約のルールについての確認も行います。守秘義務は，学校の中で支援を行う場合や，医療機関で主治医の診察に加えてカウンセリングを受けている場合，保護者のカウンセリングと並行して子どものカウンセリングが設定されている場合には注意して説明する必要があります。例えば学校の中で教員と共有する必要のある情報については，「○○については担任の先生に伝えておいたほうが

子どもに配慮して対応してもらうことができます，『××』というかたちで，こちらからお伝えしてもよいでしょうか」と保護者の了解を得ることが必要です。料金は，公的機関での相談では発生しませんが，医療機関や民間の相談所では発生します。料金とキャンセルの規定は書面で渡すとともに口頭でもしっかりと確認をします。予約についても，カウンセリングの帰りに次回を予約するのか電話やメールでその都度申し込みをするのか，急な変更やキャンセルがある場合はどこにいつまでに連絡をすればよいのか，しっかりと確認をするようにします。

> ### コラム：守秘義務
>
> 　守秘義務とは，業務上知り得た秘密にすべき事柄や個人情報を保護する法律上の義務のことをいいます。心理の支援では，心理士が相談者の秘密を正当な理由なく外部に漏らすことは禁じられています。守秘義務があることで，相談者は安心して個人的な話をすることができます。

### 3-3-3　心理アセスメントとフィードバック

　さらに詳しい情報を必要とする場合，数回の心理アセスメント面接が設定されることがあります。保護者の話から子どもの発達について客観的な情報が得られにくいと感じる場合は，母子手帳や保育園や幼稚園との連絡帳，学校の通知表やノート，作品などを持参してもらって，保護者と一緒に確認するのもよいでしょう。母子手帳からは出産時の問題や子どもの発達の様子を知ることができます。連絡帳や通知表等からは，子どもの行動や性格についての周囲からの評価が書かれていることがあります。これらの資料をどこに置いたか分からない，処分をしてしまった，という場合は，その言葉や行動が保護者の子どもへの関心を示す情報となります。

　子どもの課題をしっかり見立てる必要がある場合，子どもに心理検査を受

けてもらうことがあります。心理検査を導入する際は，子どもにとって，どのような検査を使って何を見ることが望ましいのかを説明して，検査の所要時間や結果が分かるまでの期間，フィードバックの方法も説明します。保護者によっては，子どもの課題や心理検査について事前に勉強をしてきて「知能検査をお願いします」と自分から希望を伝えてくる人もいます。このような場合は，どこから得た情報であったか，結果から何を知りたいと考えているかを詳しく聴いておくとよいでしょう。

　保護者からのアセスメント面接，子どもの心理検査等から，子どもの課題と保護者の課題を見立てた後に，保護者に対してフィードバックを行います。子どもの心理検査の結果が分かればよい，フィードバックまで受けられればそれでよいと考える保護者もいますので，フィードバックが子どもと保護者の人生の羅針盤となるように，丁寧かつ分かりやすく行うことを心がけます。ケースによっては，子どもの課題，保護者がもつ課題，親子関係での課題などで非常に多くの課題が見立てられるかもしれません。複数の複雑な課題をもつ保護者と子どもは，多くのことを一度に伝えられても情報を処理しきれず，何か言われたという感覚だけが残り，先に生かせないこともあります。保護者や子どもにとって重要な２〜３点を中心に，保護者に分かりやすい言葉で，質問がないかを適宜確認しながら伝えていきます。

　フィードバック後に，心理士として支援が必要と考えるかどうか，支援が必要な場合は誰がどのような支援を受けることが考えられるかを伝えます。継続して保護者がカウンセリングを受ける場合は，カウンセリングでどのようになりたいかを話し合い，保護者も心理士も同じ目標に向かって進んでいけるように整えるのが理想です。

### ３-３-４　カウンセリングの技術

　カウンセリングで心理士に求められる基本的な姿勢として，受容と共感，傾聴について紹介しました。ここでは，保護者の話を聴く際に利用可能な心理的技術としての介入法について，ウィンストン他（2004）による支持的

カウンセリングで使用される技術を中心に紹介します。

　　**明確化**　相談者の話で不明瞭な部分を要約し整理し，はっきり分かるように
することを明確化といいます。例えば，子どもの調子が悪く，朝から言い
争いが続き，結局登校が出来なかった話を疲れた表情で話す保護者に対して，
「親として精一杯のことをして手を尽くしてみたのに子どもが学校に行けず，
疲れたと感じているのですね」という言葉は，相談者の行動と感情を明確に
する介入になります。

　　**直面化**　直面化は，相談者が目を背け，回避している行動や考え方，感情
に焦点を合わせるように促す介入です。例えば子どもを支えるために自分を
犠牲にする保護者に，「子どもの苦しみを理解して，子どもに合わせて出来
る限りの対応をされているけれども，本当は『もうたくさん，勘弁して』と
感じているのかもしれませんね」という介入は，本人が意識していなかった
感情の直面化になります。

　　**保証**　相談者と心理士との間で深いラポールが形成されているときに，嘘
がなく誠実に発せられた言葉であれば，心理士に保証をしてもらうことは相
談者に安心感をもたらします。例えば，「子どもがお友達に怪我をさせてし
まったと聞いたら，子どもを強く叱りつけてしまう親がほとんどだと思いま
す。今までお話をうかがっていて，子どもをきちんと叱ることについて，タ
イミングが悪いとか，叱り方がよくないとか感じたことはありませんから，
実は今回も自分で思っているよりも的確に子どもに伝えられたのではないで
しょうか」という心理士の言葉は，普段の保護者の考え方や行動を理解した
うえでの保証となっています。

　　**リフレーミング**　リフレーミングとは，それまでのものの見方を変えて新
たな意味づけを行う技術です。例えば，子どもの反抗に悩む保護者に「母親

である自分にばかり娘が反抗するのはつらいし耐えられないと思っていらっしゃるんですね。自分の育て方が悪かったのではないかと心配になっているようですが，反対に，母親ならば何があっても崩れないという強い絆を娘が感じているからこそ，母親に対して反抗を出来ているのかもしれません。しっかりと育ててきたからこそ到達できた行動かもしれません」という言葉は，子どもの反抗を母子関係の問題の結果としてではなく，絆の成果として捉える，見方を変える介入です。

　心理教育　ここでいう心理教育は，心の働きについての心理学的な知識に基づいた情報提供で，後に述べる心理教育的プログラムとは異なる部分があります。例えば，「２歳ぐらいの子どもは大人でも手ごわいぐらいに強情になることがありますが，これは小さな子どもに自分の意思が芽生えたサインで，発達が正常に進んでいるということです。保護者は『もうこりごり』と感じることが多いでしょうが，しばらくしてさらに発達すると強情ではない形で自分の意思を伝えられるようになっていきますよ」という言葉は，心理学の知識から保護者の抱えている困難を説明しようとする心理教育的な介入です。

　予期的指導　物事に取り組む前に生じうる障害を予測し，対処する方略を考えて備えることを予期的指導といいます。例えば，「学校の担任の先生にお子さんの課題についてどのように伝えましょうか？　伝えておいた方がよいことは何でしょうか？　伝えにくいことや伝え方が分からないことはありますか？　面談の当日は緊張してしまうかもしれませんから，ここで事前に整理して練習をしておきましょう」という介入は予期的指導にあたります。
　支持的なカウンセリングで，心理士は以上の技法を使いながら支援をしていきます。

## 3-4　保護者支援の技術で支える

　医療機関や教育相談機関，療育機関などの現場で，保護者を支援する方法が用いられてきました。これらの実践は，困難を抱える子どもを育てる保護者を尊重し，保護者が子どもの状態を理解できるよう説明したり，家庭で取り組む方法について一緒に考えて助言したり，子どもと向き合い改善する力が出るように保護者を支えたりするものです。ここでは，保護者の支援として心理士が用いる三つの技術を紹介します。

### 3-4-1　親ガイダンス

　親ガイダンスは，不登校や家庭内暴力といった神経症に由来する問題を抱えた，思春期の子どもの保護者に向けたアプローチです。精神分析に基づく両親ガイダンスを起源にもつもので，日本では精神科医の皆川邦直が提唱しました。

　親ガイダンスでは，保護者から子どもの話を聴く中で，心理士が子どもの心の状態を理解して保護者に伝え，保護者の子どもへの対応について具体的な助言を行います（皆川，1993）。精神分析における子どもの精神発達と病理についての系統だった知識をもとに保護者をガイドすることが親ガイダンスの特徴です。親ガイダンスを受けることによって，保護者の親機能が向上し，問題のために子どもの将来の見通しが立たないという窮状に苦しむ親も支えられているという感覚を得ることができます（皆川，1991）。

　皆川（2003）を参考に，親ガイダンスに必要な精神分析の理論について簡単に紹介します。まず精神分析では，人間の行動の裏に無意識が働いていると考え，神経症の症状を無意識の働きから理解します。子どもは発達の道筋（発達ライン）に沿って発達する力をもつ存在ですが，つまずきがあった場合には前の発達段階に戻る退行を起こすことがあります。よくみられる退行としては，先に生まれた子どもの下にきょうだいが生まれたときの赤ちゃん返りです。このような退行が病理的になり家族を巻き込んだものとして，子どもが保護者の注目を得るために，ばい菌がついた気がすることを理由に

手を洗い続けるという症状を考えてみましょう。この例では，心配した保護者が子どもの言うとおりに世話をして，子どもはますます症状が手放せなくなるという悪循環が生じます。親ガイダンスでは，このように問題を理解し，子どもや親子関係の特有の課題に焦点を当てて，個別の介入を行っていきます。

　親ガイダンスは両親が一緒に受けるのが原則とされています。心理士は，両親から等距離でいること，両親へ公平に接することを大切にします。両親から等距離であることを保つことで，心理士は，両親のうち主導権を握るのがどちらか，両親がどの程度，協調しているかを知ることができます。子どもが直面している困難と，どのようにして困難が生じたのかを聴く中で，心理士は，精神分析理論に基づいて子どもの症状，状態，発達を見立て，保護者が子どもを支えられずに奮闘している部分を同定していきます。そして，子どもの健全な育ちと育ちを支える親の努力の積み重ねを高く評価したうえで，子どもの病理部分を説明して今後の見通しや，子どもを支える親の役割について，理論に基づいて説明や助言を行います。

　継続して親ガイダンスを行う場合，保護者には子どもの言動についての保護者の理解，対応を話してもらいます。そしてその対応に対して子どもがどのような感情を抱いているかを想像してもらって新たな発達促進的な対応を考えてもらいます。日常の親子のやりとりを具体的に聞く中で子どもの症状を作りだす親子間の行動連鎖を把握して，問題となる行動連鎖を保護者から切断できるように働きかけます（皆川，1991）。親ガイダンスで以上の過程を繰り返していくと，保護者の子どもについての理解，対応，保護者と子どもの関係が改善していきます。

　親ガイダンスでは，保護者の個人的な部分や，保護者同士の関係については立ち入りません。例えば，なぜ子どもに適切に対応できないのか，なぜ子どもの気持ちに共感しづらいのかといった部分は立ち入らず，夫婦の仲が悪くとも子どものために両親が協力できれば充分と考えます。保護者の問題についても提示せず，取り上げずに，あくまで親との協力関係を維持するよう

努めます（皆川，1993）。この姿勢は，両親側に一生続くような行動変容が起きる必要はなく，保護者が気を付けることで，子どもは親の拘束から逃れて内側から起こってくる発達の力を使って伸びていくことができるようになるという考えに基づきます（皆川，2010）。

　実際に親ガイダンスを行う場合，心理士は，複数の精神分析理論を身に付けることだけではなく，充分な精神分析の訓練を必要とします。即日に実行できる便利な方法とは異なりますが，無意識を大切にする精神分析の新たなアプローチとしてエッセンスを知っておくことは重要だと思います。

### 3-4-2　ペアレント・トレーニングとペアレント・プログラム

　ペアレント・トレーニングは，保護者が子どもへの適切な関わり方や対応方法を習得する訓練プログラムです。児童虐待を受けた子どもの半数が発達障害であるという報告からも分かるように（杉山他，2006），障害をもつ子どもは，保護者が育てにくさを感じて不適切な関わりもつ可能性が高いとされています。また，子ども本人も，障害についての理解が行き届かない環境で育つと不適応感をもつことがあり，うつ病や不安障害，行動障害といった二次障害に発展することがあります。ペアレント・トレーニングは，このような悪循環を防ぐための子どもの行動修正を目指した，保護者のためのプログラムです。「子どもの問題行動に深く関わる親は，治療的な役割をはたすことができる」（中田，2007）という基本的考えのもとにペアレント・トレーニングは設計されています。

　ペアレント・トレーニングの基礎理論は，オペラント条件づけなどの行動理論から発展した，人間の問題行動の変容を目指す応用行動分析（ABA）です。応用行動分析では，先行刺激（弁別刺激）－行動（オペラント行動）－結果（強化子）という枠組みから，何が行動を引き起こし，その行動はどのように維持されているかを理解します。ペアレント・トレーニングでは，保護者自身が自分の子どもを対象として，目標行動を設定し，行動の分析を行い，ロールプレイやホームワークを通して環境調整や子どもへの肯定的な

働きかけを学びます。

表4　ペアレント・プログラムの基本プラットホーム（日本発達障害ネットワーク JDDnet 事業委員会（2020）「ペアレント・トレーニング実践ガイドブック」より作成）

| 基本プラットホーム | 内容 |
|---|---|
| コア・エレメント | 子どもの良いところ探し＆褒める<br>子どもの行動の３つのタイプ分け（増やしたい行動・減らしたい行動・すぐ止めたい行動）<br>行動理解（ABC 分析）<br>環境調整（行動が起きる前の工夫）<br>子どもが達成しやすい指示<br>子どもの不適切な行動への対応 |
| 運営の原則 | 目的と対象を明確にする<br>グループ（クローズド・グループ）での実施（推奨）<br>1 回 90 〜 120 分，隔週，5 回以上<br>終了後のフォローアップ（推奨） |
| 実施者の専門性 | コア・エレメントの内容を理解して助言できる<br>親のこれまでの関わり方を否定しない<br>子どもに適した関わりを提案できる<br>関わり方を修正できるよう支える<br>子どもの成長や親の養育スキル獲得を小さなことから発見してフィードバックできる<br>ペアレント・トレーニング研究会の指導者研修等の養成研修を受講（職種は問わない） |

　ペアレント・トレーニングは，1960年代にアメリカで，知的障害や自閉症をもつ子どもの親を対象に，親が子どもの訓練を行えるようになるためのプログラムとして始まりました。日本では1990年代から療育センターなどで保護者のグループ・ワークとして用いられるようになりました。2004年の発達障害者支援法の制定後は，発達障害をもつ子どもの保護者支援として普及しました。現在では，厚生労働省の発達障害者施策の発達障害児者および家族等支援事業として，ペアレント・メンター養成，保護者に対するペアレント・プログラムやペアレント・トレーニングの実施，ピアサポート推進などが行われています。

　現在日本では，国立精神・神経センター精神保健研究所と奈良医大グルー

プによる ADHD（注意欠如・多動性障害）の子どもの家族に向けた奈良方式，国立肥前療養所で知的障害の子どもの家族に向けて行われたプログラムを拡大した肥前方式，井上雅彦が開発した自閉症（ASD）の子どもに向けた鳥取大学方式など複数の実践があります。これら複数のペアレント・トレーニングに共通する土台が「基本プラットホーム」です（表4）。基本プラットホームは，プログラムの核となるコア・エレメント，運営の原則，実施者の専門性から成り立っています。

　基本プラットホームに基づく標準版プログラム（岩坂，2021）を例に挙げて進め方を説明します。標準版プログラムは，コア・エレメントを中心とした内容で，隔週90分のセッション，全10回で構成されます。参加人数は6名前後のメンバーとファシリテーター，サブファシリテーターで，クローズドで進めます。全10回のセッションの前半は子どもの行動観察と行動の分析を行い，子どもの行動前の状況と行動後の保護者の対応を振り返ります。子どもの行動は，増やしたい行動，減らしたい行動，なくしたい行動の3種に分け，増やしたい行動を褒めることを学びます。プログラムの後半では，子どもが達成しやすい指示の出し方や，減らしたい行動に注目しない手段を学んでいきます。各回のセッションは，子どもの良いところ探しのウォーミングアップの後に，宿題を報告し，その回のテーマについてファシリテーターから説明を受け，ロールプレイを行い，宿題をもち帰るのが一連の流れとなります。

　ペアレント・プログラムは，ペアレント・トレーニングから誕生した子育て支援プログラムで，子どもの行動修正の前段階として，保護者の認知を肯定的に修正して保護者が子育てを楽しめるようになることを目指しています。ペアレント・トレーニングを実施するには応用行動分析についての専門的な知識が必要ですが，ペアレント・プログラムは地域の保育士や保健師など誰でも簡便に実施できるように設計されています。ペアレント・プログラムでは，「行動で考える／行動で見る」ことに重点を置いて，原則的には隔週6回（1回60分〜90分）を1クールとして進めて，現状把握表を作り改訂

していきます。現状把握表を書くことで，保護者が子どもを行動から考えて，出来たことを褒めて，同じように奮闘する仲間を見つけることができるようになります（アスペ・エルデの会，2019）。

　ペアレント・トレーニング，ペアレント・プログラムを行う際には，行動理論を学ぶとともに，ファシリテーターの研修を受けることが推奨されます。研修は，日本ペアレント・トレーニング研究会の他，複数の団体で行われています。

## ３-４-３　心理教育的プログラム

　心理教育とは，「環境適応上，または情緒的・行動的困難をもった人々へのコミュニケーションとケアなどの技法を活用した心理的，治療的，予防的，社会的サポートであり，そのサポートは困難をもつ人々と心理士の協働により，対象，状況に合わせて構造化されたプログラムによって行われる」（平木，2007）実践の総称です。平木（2007）によると，心理教育は，教育領域で発展した心理教育と，医療領域で発展した心理教育に大別されます。教育領域の心理教育は，課題をもつ子ども本人を対象としたもので，自他の理解や相互信頼の環境づくりといった心理的支援と，新しい行動を獲得する教育的支援の統合から始まりましたが，現在は全ての子どもの心理社会的な健康を増進するための教育実践活動（安達，2012）へと展開しています。医療領域の心理教育は，精神障害や長期にわたる疾患を抱えた本人や家族に対して行われ，知識や情報を伝え，諸問題や困難への対処法を身につけてもらう方法です。どちらの心理教育も，困難を抱えた人達が主体的に問題を解決できる力を身に付け，対処できるという自信をもつこと（エンパワメント）を大切にしている点が共通しています。

> **コラム：エンパワメント**
>
> 　エンパワメントとは，差別を受けるなど弱い立場にある人間が，本来の力を取り戻し，環境に働きかけ，生活をコントロールできるようになることを意味する言葉です。福祉や教育の分野で大切にされる概念です。

表5　薬物依存症における家族心理教育プログラム
（国立精神・神経医療研究センター（2017）
「薬物依存症者をもつ家族を対象とした心理教育プログラム」を一部改変）

| 目標 | 学習内容 |
|---|---|
| 薬物依存症という病気を正しく理解できる | 依存症のメカニズム<br>依存症のダメージと魅力<br>依存症の症状（精神面，身体面）<br>依存症からの回復の段階<br>依存症を持つ人の心理 |
| 薬物依存を持つ人への適切な対応法を学び実践できる | コミュニケーション・スキルの向上<br>本人の良い行動を強化する<br>再発に備える |
| 家族自身の心身の健康を取り戻せる | 依存症によって家族が受ける影響<br>（精神／身体／社会／関係性へ影響）<br>家族のセルフケア<br>生活を豊かにする<br>暴力を避け安全に生活する |

　薬物依存症をもつ子どもの保護者を対象とした医療領域の心理教育について，国立精神・神経医療研究センターが作成した「薬物依存症者をもつ家族を対象とした心理教育プログラム」から考えてみます（表5）。心理士の基本姿勢として，家族を責めたり批判したりしないこと，努力をしてきた家族に対して敬意の気持ちを表すことが前提としてあります。そのうえで，家族心理教育プログラムでは，薬物依存症の病気や回復への道のりについて正しく理解できる情報を提供し（目標1），薬物依存をもつ子どものために家族がコミュニケーション・スキルを学びます（目標2）。さらに，薬物依存

のために変化した家族の側面に気付き，どのように改善していくかの自分たちなりの答えを見つけていきます（目標３）。これらの目標を念頭において，第１回にオリエンテーション，薬物依存についての知識から始め，最終回に振り返りを行う６回１クールを標準とする集団心理教育を進めます。毎回のセッションの中では選択式クイズや，対象者や自分たちを振り返るようなワークが取り入れられています。

　心理教育は，正しい知識を学び，その知識をもとに対処法を身につけ，自分で対処できるという自信を得ることが特徴です。心理教育の実践者に必要とされる資格は定められていませんが，一般的には心理士，医師，看護師，福祉士などの専門家が行うことが多いでしょう。テーマとする問題について正しい知識をもち，分かりやすく伝えることが必要です。

**参考文献** ────────────────

アスペ・エルデの会（2019）.『楽しい子育てのためのペアレント・プログラムマニュアル 2015-2020』アスペ・エルデの会

安達知郎（2012）.「学校における心理教育実践研究の現状と課題──心理学と教育実践の交流としての心理教育──」『心理臨床学研究』30，246-255.

平木典子（2007）.「心理教育というアプローチの発展と動向」日本家族心理学会（編）『家族支援の心理教育──その考え方と方法──』金子書房

岩坂英巳（編）（2021）.『困っている子をほめて育てるペアレント・トレーニングガイドブック──活用のポイントと実践例──（第２版）』じほう

国立精神・神経医療研究センター精神保健研究所薬物依存研究部（2017）「薬物依存症者をもつ家族を対象とした心理教育プログラム」（https://www.ncnp.go.jp/nimh/yakubutsu/reference/pdf/facilitatorManual.pdf）

皆川邦直（1991）.「思春期の子どもの精神発達と精神病理をとらえるための両親との面接──主に治療契約までの両親ガイダンスをめぐっ

て──」『思春期青年期精神医学』3，22-30.

皆川邦直（1993）.「両親（親）ガイダンスをめぐって」『思春期青年期精神医学』3，22-30.

皆川邦直（2003）.『子育て心理教育』安田生命社会事業団

皆川邦直（2010）.「親ガイダンス」『横浜国立大学大学院教育学研究科教育相談・支援総合センター研究論集』10，156-166.

永井撤（2021）.『心理臨床の親面接──カウンセラーの基本的視点──』北大路書房

中田洋二郎（2007）.「発達障害とペアレント・トレーニング」日本家族心理学会編『家族支援の心理教育──その考え方と方法──』金子書房

日本発達障害ネットワークJDDnet事業委員会（2020）.『ペアレント・トレーニング実践ガイドブック』米子プリント社

小笠原道雄（1994）.「教育学」『日本大百科全書』小学館

杉山登志郎（2007）.『子ども虐待という第四の発達障害』学研

スティーブン・E・フィン（著），野田昌道・中村紀子（訳）（2014）.『治療的アセスメントの理論と実践──クライアントの靴を履いて──』金剛出版

Winston, A. , Rosenthal, R. N. , &Pinsker, H.（2004）. *Introduction to Supportive Psychotherapy*. American Psychiatric Publishing. Inc.（山藤奈穂子・佐々木千恵（訳）（2009）.『支持的精神療法入門』星和書店）

# 第2部
# 実際から学ぶ

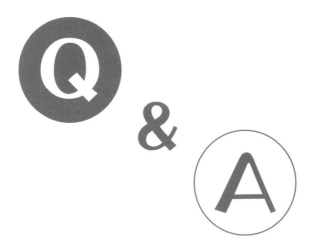

# 1　担任の先生に質問です
## ― 保護者から担任の先生への質問，担任の先生からの回答 ―

**Q 1**　宿題を嫌がるのですが，どうしたら勉強をするようになりますか？

**A　保護者への回答例**

　自分一人の力でできるようになるまでに，保護者の関わりは相当なものだと思います。宿題に目を通すたびに，子どもと関わった「足跡」がみられると，教員は微笑ましくうれしい気持ちになります。

　子どもが宿題を嫌がる原因はいくつか考えられます。一つは，宿題の内容や量が原因となる場合です。もう一つは，部活や学習塾，習い事などで疲れていて宿題に時間を割けないといった，学校外の生活と関連した原因がある場合です。まずは子どもの取り組み状況を観察し，何が原因なのかを把握してみましょう。

　学習塾や習い事などが原因であると思われる場合，子どもと話し合う場を設け，どちらもバランスよくこなせるよう努めていきましょう。

**🔑 学校の先生へのキーポイント**

　学習時間は「学年× 10 分間」が目安と言われています。小学 1 年生であれば 10 分間，6 年生であれば 1 時間です。最初に，これを目安に宿題の内容や量を調整してみるとよいかもしれません。

　量や内容を調整したうえで保護者から宿題について相談があった際は，子どものヤル気を出す工夫を一緒に考えます。例えば，子どもが宿題に取り組みやすくするための「足場（scaffolding）」を作り，最終的には子どもが進んで宿題に向かえる下地を作れるよう促してみてはいかがでしょうか。

　足場づくりの例としては，「登場人物になりきって子どもと一緒に音読を

する」「漢字練習の際，指書き・空書きを子どもと一緒に行う」「算数の文章問題では，子どもがイメージしやすい絵を描いてあげる」といったものがあります。このような関わりを通して，「音読って楽しいな」「算数が楽しくなってきたよ」など，子どもが宿題に取り組むきっかけを作り，声かけを行うよう助言するとよいかもしれません。足場づくりのポイントは，徐々に足場を外していくことです。初めのうちはつきっきりでも，習熟が進むにつれて少しずつこれまでの関わりを減らしていき，最終的には子ども一人で宿題ができるよう自立に導いていきます。保護者も仕事や育児に忙しいでしょうから，家庭でできる取り組みを紹介するとよいでしょう。

　色々な方法でサポートしても，子ども自身にヤル気が起きなかったり，宿題がはかどらなかったりすることもあります。そんなときは「音読だけでもやってみる？」「お風呂に入ってからやろうか？」など，そのときそのときの子どもの気持ちやヤル気と向き合いながら関わってほしいと伝えてみてはいかがでしょうか。中途半端で宿題を仕上げてきたとしても，叱ったり責めたりせず，できなかった理由を教師も一緒になって考えることで，子どもも宿題への向き合い方のヒントを得られるでしょう。

　次に学校外の生活と関連した原因について考えてみます。水泳，体操教室，英語，ピアノなどの習い事は子どもにとって有意義な活動ですが，体力的負担になることがあります。このような学校外の生活が原因で宿題を嫌がっていると考えられる場合は，基本姿勢としては，傾聴を心がけてみてください。保護者の苦労をねぎらいつつ，困ったことがあればいつでも相談に乗るという姿勢でよいと思います。授業中もしくは日頃の学校生活で気になることがあれば共有するだけでも，保護者にとってはヒントになるかもしれません。

　宿題を嫌がる児童への対応を二つ挙げて説明してきました。宿題は保護者面談で話題になることが多く，そのたびに保護者の苦労や苦悩が伝わってきます。どうして宿題を嫌がるのか，定着しないのか，その理由に目を向け，保護者と建設的に話し合うことで子どもに寄り添った支援を考えていきましょう。

**Q 2** クラスに乱暴な友達がいて心配です。自分の子どもはたたかれたり嫌なことを言われたりはしていませんが，これからの関係が心配です。

### A 保護者への回答例

子どもが特に訴えていない場合は，子どもたちの関係をあたたかく見守りましょう。保護者が心配しすぎると，不安が子どもにも伝わる可能性があります。本人から訴えがあるまではどっしりと構えて見守りましょう。

乱暴されている友達のことで相談された場合は，まずは子どもの話をしっかりと聴くようにしてください。

普段から子どもとコミュニケーションを図っておくことで，学級の様子や雰囲気，友達関係が把握しやすくなります。宿題を見るときや食事のときなど，何気ない会話の中から子どもの学校での様子を把握していきましょう。

### 🔑 学校の先生へのキーポイント

保護者としては，乱暴をする友達と自分の子どもとの今後の関わりが気になるところだと思います。基本的に，子ども本人から訴えがない場合，保護者には，子どもたちの関係をあたたかく見守る姿勢が大切であることを伝えましょう。いろいろな子どもと出会えるのが学校の良さであり，子どもは学校で人間関係の勉強をしていることを伝えてもよいでしょう。

そのうえで，子どもとコミュニケーションを図り，学級の様子や友達関係を把握することを勧めてはどうでしょうか。例えば，「学校は楽しかった？」「昼休みは誰と過ごしたの？」「給食は美味しかった？」などの何気ない会話の中から，学級の様子や友達関係を把握することを提案してみましょう。子どもに毎日聞くというよりも，宿題のチェックをしているとき，食事をしているとき，あるいはお手伝いをしているとき等，自然の流れで聞くよう勧めます。

　保護者が子どもとの直接的なコミュニケーションから友達関係を理解しようとしても，低学年では自分の考えや思いを言葉にすることが難しい場合もあります。また，高学年になると，子どもが進んで学校や学級のことを話す機会が少なくなり，子どもが学校でどのように過ごしているのか，友達との関係は良好なのかを知ることが難しくなります。そのような場合には，授業参観や学年行事へ保護者が積極的に参加することを通して，学級の雰囲気や友達関係を知るよう勧めてみましょう。

　乱暴をされている友達のことで子どもから相談があった場合は，どのようにしたらよいでしょうか。まずは保護者が子どもの話をしっかりと聴き，受け止めてあげるように助言しましょう。そのうえで，色々な可能性を子どもとともに考えてもらいましょう。もしかしたら，乱暴をする子どもにも理由があるかもしれません。「AさんはどうしてBさんに手を出してしまうのかな？」「Cさんは嫌なことを言ってしまうんだね。イジワルがしたいから言ってしまうのかな？　それとも嫌なことを言っていると思わずに言ってしまっているのかな？」「Aさんはどんな気持ちなのかな？　Bさんはどんな気持ちかな？　見ていると自分はどんな気持ちになるのかな？　悲しいのかな，イライラするのかな？」など，子どもの気持ちに共感しつつ，保護者から話を進めてもらうとよいでしょう。子どもの話だけではなく，さまざまな視点から友達のことを話し合うことを勧めましょう。家庭だけでは解決が難しいと感じた場合には，ぜひ教員にも相談をするように伝えておきましょう。

## Q3　最近子どもの言葉づかいが乱暴になってきました。どうしたらよいでしょうか。

### 保護者への回答例

　子どもの言葉づかいの乱れは保護者であれば気になるところだと思います。学校生活や部活動，習い事など学年が進むにつれて交友関係や行動範囲が広がります。近頃ではSNSの普及により，家に居ながら多くの情報を得ることもできます。外部からの影響を受けやすい子どもにとって，乱暴な言葉を覚えたり使ったりするのはむしろ自然なことともいえます。

　注意をしたり叱ったりする前に，まずは子どもがどのような状況で乱暴な言葉を使っているかに目を向けてみましょう。また，保護者自身も日頃の言動を振り返る機会にしてはいかがでしょうか。家庭で言葉づかいについて話し合う中で，公共性を育てるように取り組んでみましょう。

###  学校の先生へのキーポイント

　子どもが乱暴な言葉づかいをしたり，汚い言葉を多用したりする際には，それが公共の場なのか，家庭内なのかによって保護者の関わり方が変わってくると思います。

　例えば公園や図書館など，多くの人が集まる公共の場であれば，不快な思いをしたり腹を立てたりする人もいるため，保護者から子どもへの言葉がけが必要となるでしょう。ポイントとしては，叱るというよりも気付かせるように促すことです。「見てごらん。たくさんの人が公園で遊んでいるね」「ここはお家かな」等，その場にふさわしい言葉づかいができているか，子ども自身に意識させるような言葉がけを保護者に勧めましょう。ただし，神経質になりすぎると保護者自身も疲弊してしまいますので，長い目で見てゆっくりと意識を変えようというスタンスでよいと思います。最終的には子ども自身で，その場所に合った言葉づかいかどうかを判断できるように，保護者に

あたたかく見守ってもらうとよいでしょう。

　家庭は，公共の場所とは違って子どもが一番リラックスできる場所ですし，気になる基準は保護者によって違います。乱暴な言葉を使って気持ちを発散している面もあるでしょうから，きょうだいへの影響がみられたり，乱暴な言葉があまりに目立ったりするのでなければ，大目に，あたたかく見守るよう伝えてよいと思います。また，保護者自身にも，日頃の言葉づかいに目を向けてもらうよい機会となります。保護者は子どものお手本ですので，「こんな言葉を使ってほしいな」と思うフレーズを意識して子どもと関わってもらうよう促しましょう。また，どういった言葉ならば使ってよいか，どの言葉は使ってほしくないか，家庭のルールを話し合うように勧めてみましょう。

　さまざまな環境で多くの言葉を吸収するのが子どもです。あたたかい言葉だけでなく，乱暴な言葉や使ってほしくない言葉も同時に習得してきます。乱暴な言葉は，使うことで友達がびっくりしたり，保護者に叱られたりと注目を集めやすいため，子どもによっては関心を得る手段として面白がって使うこともあるでしょう。あるいは，大人びた乱暴な言葉を使うことによって，友達を怖がらせたり，反対に尊敬されたりするのがうれしいのかもしれません。このような場合は，子どもがなぜ乱暴な言葉を使うのか，乱暴な言葉を使うことでどのような利益が子どもに生じているのかを考えて，同じような利益が得られる他の手段を探していく必要があります。乱暴な言葉づかいをやめさせることだけに意識を向けるよりも，保護者とともに，乱暴な言葉を使う背景に目を向けることの方が大切かもしれません。

　言葉づかいは，子どもの社会性や公共性を育む基盤とも言えます。学校の取り組みも伝えつつ，家庭でも子どもにあたたかく関わることを勧めてほしいと思います。

## Q4 子どもがインターネットやゲームを使ってばかりいます，どうしたらよいでしょうか？

###  保護者への回答例

　毎日一緒に生活をしている中で，子どもがインターネットやゲームを使ってばかりいると，このままでよいのか心配になると思います。

　機器の使い方について，子どもと一緒に確認をしたと思いますが，楽しいことに集中してしまい，本人が思っている以上に時間を費やしているかもしれません。今後，生活が昼夜逆転するなど，より心配な状態にならないように，時間が来てタイマーが鳴ったらやめるなど，もう一度，使用時間やルールを確認して，改善を促しましょう。

　また，勉強や部活，趣味など，他の活動が充実すると，インターネットやゲームに向かう時間は減るものです。家族で一緒にスポーツを行う，インターネットやゲーム以外の好きな活動に取り組むことも効果的です。

### 🔑 学校の先生へのキーポイント

　インターネットの普及によって我々の生活はとても便利になりました。正しく使えば，学びや暮らし，趣味などに有益に活用できます。一方でSNSやオンラインゲーム上でのトラブルなど新たな問題も生じています。世界保健機構（WHO）の国際疾病分類第11版（ICD11）では，ゲーム症が，新たな精神，行動，神経発達の疾患の物質使用症群または嗜癖行動症群として認定されています。子どもは，脳も成長発達の途中であるため，大人よりもインターネットやゲームなどの刺激物に夢中になりやすく，自分でコントロールすることがとても難しいです。

　インターネットやゲームの過度の使用について保護者から相談された場合，子どもに対してやめるように説得したり，ゲーム機などを取り上げたりするような対応を提案してもほとんど効果はありません。そのことを知ったうえ

で，保護者と協働することが必要になります。使用について子どもの意向を取り入れ，できたことを褒めて認めることが基本的な姿勢になります。発達障害がある場合は特性を理解したうえで，時間になったら電源が切れるように，子どもと一緒にタイマーを設定するなど，使用の枠組みを確認して使用することが効果的なこともあります。

　また，部活に熱中する，趣味や友達関係が充実する，補習や塾など学習に向かう時間が長くなることで，毎日の生活が充実してインターネットやゲームの優先度が低くなると結果的に使用時間が減少することがよくあります。保護者に学校で友達と関わる様子や授業中の様子などについて伝えると，学校での様子を知ることができて安心すると思います。

　生活習慣の乱れ以外にも，インターネットやゲームの使用では，ネット被害やSNSトラブル等の犯罪に関係する問題も生じています。全ての子どもが犯罪の被害者や加害者になってしまう可能性があります。ネットトラブルの情報や対策を伝えていくと子どもは年齢とともに自己制御力が上がります。警察など関係機関との連携の中で，ゲーム依存，ネット被害，SNSトラブルなどを取り上げて，インターネットの適切な使用について啓発をすることは効果的です。

　子どもは保護者の予想を超えた速度でインターネット等の使用に慣れ，活用できるようになります。子どものインターネット等の使用について過度に制限を設けている保護者がいる一方で，制限をかけず子どもの好きなように使用させている保護者もいます。インターネット等の適切な使用について，具体的な例を示しながら啓発することは保護者に対しても必要です。学校全体として児童生徒指導担当教員などを中心に，ゲーム機のペアレンタルコントロールなど，子どものインターネット使用状況を把握，管理するための情報を提供することが考えられます。あわせて，例えば，ゲーム症が疑われる場合の相談機関として，医療機関や精神保健福祉センターがあることを紹介するなどしておくと，保護者が困ったときに，早めに関係機関に相談するきっかけとなります。

## Q5 子どもが朝に起きれず，学校に遅刻してしまいます。どうしたらよいでしょうか。

### A 保護者への回答例

　子どもが朝に起きられない理由は何でしょうか。一般的には，大きく二つのことが考えられます。

　一つは，夜更かしをする癖がついていることです。生活習慣に乱れがある場合は，一日の時間の使い方（テレビの視聴時間やゲーム時間など）を見直す計画を立て，根気強くサポートしていきましょう。

　もう一つは，身体や心の不調による場合です。身体や心に不調があると，朝の決まった時刻に起きるのがつらくなり，生活面にも支障をきたすことがあります。

　このような二つの理由を考えながら，子どもの状態をよく見て把握し，学校と家庭が協力してサポートしていきましょう。

### 学校の先生へのキーポイント

　子どもが朝に起きられない理由が生活習慣によるものなのか，心身の不調からくるものなのかを理解したうえで，サポートの仕方を考えましょう。まずは子どもに平日もしくは休日のスケジュールを立てるように促し，適応できているか，観察してもらうよう声をかけてみてください。子どもだけでは難しい場合は，保護者にもスケジュールを立てるのを手伝ってもらって，様子を見てもらいましょう。その際に，子どもの頑張りを褒める，計画通りに進まなくてもしばらくは様子をうかがう，子どもの様子に合わせて計画を立て直すなど柔軟に対応しつつ，子どもの生活パターンをしっかりと観察してもらうことを促しましょう。

　子どもの生活習慣が乱れている場合は，改善には保護者の協力が不可欠です。子どもの就寝時刻に合わせる，起床時刻になったら起こしてあげるなど，

保護者側が主導して生活のリズムをしっかり作るよう助言してみてください。ただし，保護者によっては，仕事で帰りが遅かったり，子どもにかけられる時間が少なかったりすることもあります。祖父母にお願いできる環境ではない場合もあります。低学年からきちんとした生活習慣を作ることが理想ですが，各家庭の実情もあるでしょうから，保護者には「できる範囲」で「ほどよく」子どもと向き合ってもらえるよう促してみましょう。

　次に心身の不調で起きられない場合についてです。生まれながらに低血圧だったり，自律神経の乱れで朝起きることがつらかったりする子どももいます。ストレスを溜めこみやすい子どもは，寝付くまでに時間がかかることがあります。このような不調に悩む子どもがいるということを理解して，保護者の協力を得ながら，登校支援ができるように焦らずゆっくりと見守っていくことを心がけましょう。担任の理解が得られると，保護者と子どもの心理的負担が軽くなります。長期的なサポートが必要ですが，ともに悩み考えながら改善に向けて取り組んでいきましょう。

　どのような理由であっても大切にしたいことは，子どもや保護者の困難さに寄り添う姿勢だと思います。子どもの実態を保護者から聞き取り，その改善や緩和につながるサポートをともに考えていきましょう。養護教諭やスクールカウンセラー（SC）などの専門的な知見を得ると効果的です。担任が一人で抱え込まず，さまざまなアドバイスを参考にしながらその子どもに合ったサポートを保護者とともに考えてください。

　起床を始めとした生活習慣の改善には長期的な関わりが必要です。ついつい登校を促すような声かけをしてしまいがちですが，子どもによってはそのときの体調や心境によって，できないことがあります。ぜひ子ども本人や保護者の意向に沿った支援を最優先に関わってください。

## Q6 入学した直後は楽しんで学校に行っていた子どもが学校に行くのを嫌がるようになりました。どうしたらよいでしょうか。

### A 保護者への回答例

　今まで元気に学校に通っていたのに，急に学校に行くことを嫌がるようになり，心配だと思います。小学校に入学して，新しい環境に慣れるためにここまで頑張ってきて，少し疲れているのかもしれません。どうして学校に行くのが嫌だと思うのか，理由を聞いてみてください。

　低学年の子どもは，自分の気持ちを十分に表現できなかったり，うまく言葉で伝えられなかったりすることもあります。焦っていろいろと聞くのではなく，リラックスしているときに理由を聞くと，一生懸命伝えてくれると思います。

　子どもがどこに不安を感じているのか，困っているのか保護者として感じるところがありましたら，教えてください。学校での様子も踏まえて，協力して具体的な支援を考えていきましょう。

### 🔑 学校の先生へのキーポイント

　入学してしばらくした子どもが学校に行くことを嫌がる理由としては,「環境の変化などによる心身の疲れ」「友達や教員との関係」「学習面」などが考えられます。

　環境の変化などによる心身の疲れが理由となるケースは，入学してしばらくたった1年生が，新しい環境に慣れようとしたり，学年が変わって新しいクラスに馴染もうと頑張ったりした結果，生じることがあります。

　子どもによって，多くの人の中で生活することが負担になる，予定や活動の見通しがもてないため落ち着かない，保護者から離れて生活するのが不安であるなど，理由はさまざまですので，学校での様子と保護者から聞いた内容を参考にして支援を考えます。例えば，多くの人の中で生活することが負

担になる場合は，休み時間などに落ち着いた静かな場所で過ごす時間を設け
るなどの対応が考えられます。予定や活動の見通しがもてないために落ち着
かない場合は，予定を視覚的に分かるように示す，活動の前に個別に内容を
確認するなどの対応が考えられます。保護者から離れて生活するのが不安で
ある場合は，その子にとって安心と感じる小物を持って登校する，登校時に
校門まで保護者と一緒に登校するなどの対応が考えられます。

　小学校では，幼保小連携を大切にしたり，新１年生にスタートカリキュラ
ムを実施したりして，新１年生が小学校での生活に慣れるよう工夫をしてい
ます。保護者と話をする際は，学校全体として行っている支援や工夫を伝え
たうえで，その子に対する具体的な支援を家庭と協力して考えていくことを
伝えるのがよいと思います。

　友達や教員のような人間関係を理由とする場合，「教員が他の子どもを
怒っているのを見て自分も怒られるのではないかと不安になった」など，子
ども本人と直接的な関係がないことが原因として話されることもあります。
教室への登校が難しい場合は，別室登校や，放課後など本人にとって負担が
少ない時間帯での登校などが配慮として考えられます。

　学習面が理由として語られる場合，子どもは学校生活の大半を占める授業
時間に，内容が理解できない状態で過ごしていることが考えられます。また，
勉強ができないという劣等感を感じていることもあります。学校側が授業を
より分かりやすくなるよう工夫することや，宿題の内容を子どもに合わせた
内容にすることで，子どもが「分かった」「できた」という経験をすること
ができ，失いかけていた自信を取り戻すことにつながります。学校として，
ティーム・ティーチング（TT）や少人数指導などの指導形態を行っている
場合は，より効果的に学習支援が行えることもあります。

　いずれの場合も家庭と協力して進めていきますが，校内でも担任一人で対
応するのではなく，学年や児童生徒指導担当，特別支援教育コーディネーター
とも情報を共有して，協力して対応をしていきます。管理職の判断のもと組
織として動くことになるので，校内の連携も意識して行動してください。

## Q7 子どもが不登校で学校に行けてません。中学を卒業すると，どのような進路があるのでしょうか？

### A 保護者への回答例

　不登校生徒の進学先はさまざまです。公立私立の全日制，定時制，通信制の高等学校に進学する生徒もいれば，専修学校高等課程（以下，高等専修学校）に進学する生徒，就職や高等学校卒業程度認定試験（旧大学入学資格検定）の受験に備える生徒もいます。

　中学校卒業後の進路選択については，生徒自身が高等学校で何を学びたいか，卒業した後，どのような進路を考えているかによって変わってきます。生徒本人の思いを大切にして進学先を決めていきましょう。

　保護者も一緒に関心のある学校の見学会や説明会に参加すると，実際の生徒の活動の様子や雰囲気などが確認できます。

### 🔑 学校の先生へのキーポイント

　不登校生徒の中学校卒業後の進路はさまざまです。ここでは，高等学校の卒業資格が得られる教育機関への進学について説明をします。

　高等学校は，授業を行う時間帯や方法などの違いにより，「全日制の課程」，「定時制の課程」，「通信制の課程」の3種類の課程に分けられます。さらに，学年制か単位制か，普通科目（「国語」「地理歴史」「数学」「理科」「外国語」など）が中心の普通科か，専門科目（「農業」「工業」「商業」「水産」など）が中心の専門学科か，幅広い選択科目の中から自分で科目を選択できる総合学科かを選択することができます。

　「定時制の課程」は昼間働きながら，夕方から学校に通い，4年かけて卒業をするというイメージがあるかもしれません。現在は卒業要件が3年以上の在籍となっており，午後部と夜間部など複数の時間帯で授業を受け，3年で卒業することも可能な学校があります。「通信制の課程」はスクーリング

や特別活動で学校に登校することはありますが，それ以外は登校する必要は
なく，レポート等を作成して，テストを受けることで所定の単位を取得します。
　しかし「通信制の課程」で，生徒が自分でスケジュールを管理しながら学
習やレポートの作成，提出を行うことは容易ではありません。そこで，生徒
が通信制高等学校の単位を取得し，卒業できるように，学習面だけでなく，
進路に関する内容や心身の健康面なども含めてサポートする教育施設もあり
ます。このような学校をサポート校と呼んでいます。
　サポート校は，通信制高等学校の卒業に必要な単位取得のサポートの他に，
一人一人に応じたきめ細やかな指導を行ったり，独自のカリキュラムを工夫
したりしています。不登校生徒の受け入れに慣れたサポート校もあります。
高等専修学校は，専門科目を通して職業につながる専門的な知識を中心に学
びつつ，普通科目を通して基礎知識を学ぶ学校です。技能連携制度（高等学
校の通信制・定時制の課程に在籍する生徒が，各都道府県教育委員会の指定
する技能教育施設で教育を受けている場合，その教育施設での学習を在籍校
における教科の一部の履修とみなす制度）を利用して，調理師，美容師，理
容師，自動車整備士などの資格と高等学校の卒業資格の両方を取ることがで
きます。
　不登校生徒の進学では，入学後に本人が安心して通えるように，事前に見
学会や説明会に参加した際に，入学後の学習面や心身面などのサポート体制
を確認しておくことも大切です。学校行事を見学して華やかな雰囲気を想像
して入学したら，普段の授業の様子は違っていたということもあります。最
終的に進路先を決めるのは，本人と保護者ですが，進路指導では客観的に希
望校を決められるような助言が必要になります。進路主任とも希望校を共有
して，サポート校についての情報も確認しておきましょう。

参考文献
文部科学省（2020）．「高等専修学校のことが知りたい」専修学校＃知る専（https://
　　shirusen.mext.go.jp/koto/）

**Q8** 子どもに元気がなくいじめにあっているのではないかと心配しています。どうしたらよいでしょうか。

###  保護者への回答例

　最近，子どもの元気がないように感じ，学校でいじめを受けているのではないかと心配されていると思います。お話しくださりありがとうございます。保護者に心配をかけたくないと思い，子どもがいじめを受けていることを話さないのかもしれません。

　まずは，担任の教員と子どもとの面談を設定し，最近の生活の様子や友達との関係などについて話を聞いてみます。保護者からの相談の内容は学年や児童指導担当，管理職とも共有し，他の教員からも気になることがないか確認をします。

　子どもとの面談の後，内容についてお知らせをします。子どもが安心・安全な学校生活を送れるように一緒に考えていきますので，家庭でも，分かったことがありましたらお知らせください。

### 🔑 学校の先生へのキーポイント

　自分の子どもが学校でいじめを受けているのではないかということを，保護者が学校に伝えることは簡単ではありません。子どもの様子を心配した保護者からの連絡を受けたときは，相談をしてくれたことに対する感謝の気持ちが伝わるような応答を意識しましょう。

　そのうえで，どうしていじめにあっていると感じているのか聞いてみましょう。「最近，家で学校や友達の話をしなくなった」「学校に持っていく持ち物がなくなっている気がする」「洋服や上履きなどに不自然な汚れが目立つ」「お金をほしがることが増えた」など，いじめを発見するポイントとなる内容が含まれている可能性があります。特に，SNSなどを使ったいじめは，学校で把握することが難しく，保護者の協力なしには解決が困難です。保護

者からの情報は，子どもと接するときの大きな財産になるので，保護者の思いを受け止め，丁寧に対応するように心がけましょう。

　いじめを受けていると思われる子どもとの面談等で話を聞いて，いじめと考えられる事実を確認したら，できるだけ早くいじめを受けた子どもの安全が確保され，安心して学校で過ごせるように，学校として組織的な対応を行います。いじめの二次被害にも留意しながら，関係する子どもからだけでなく，関与していない周囲の子どもたちからも十分に事情を聞いて，全体像を把握し，指導を行います。

　いじめを受けている子ども，いじめた側の子ども双方の保護者に対して，子どもの学校での様子等を伝え，学校の指導方針を伝えるとともに，家庭での観察や継続的な支援を依頼します。いじめた側の子どもへの指導の効果，子どもの様子などを定期的に評価し，双方の保護者に伝えます。

　「いじめ防止対策推進法」（平成25年）では，①行為をした者（A）も行為の対象となった者（B）も児童生徒であること，②AとBの間に一定の人的関係が存在すること，③AがBに対して心理的または物理的な影響を与える行為をしたこと，④当該行為の対象となった者が心身の苦痛を感じていること，①〜④の４つの要素すべてを満たすものをいじめとしています。

　「いじめは，人間として絶対に許されない」という強い認識のもと，学校は教育活動全体を通じて，児童生徒が自他を認め，互いの人格を尊重する態度・能力を育成しています。教員は，いたずらやちょっかいが，時として重大な結果をもたらすことを継続的に指導し，日頃からいじめを許さない学級風土を作ることが大切になります。そして，いじめと思われる言動等を認知した場合は，特定の教職員で抱え込まず，速やかに管理職に報告し，学校組織として対応します。

## Q9 子どもが黒板を写せないと言っています。学校ではどのような支援を受けることができるのでしょうか？

### A 保護者への回答例

　子どもは具体的にどのようなときに写せなくて困るのでしょうか？　担任の教員としても子どもと話をして，どのような場面でどのようなことに困っているのか，どのような支援があれば負担が軽くなるのかを確認します。授業の際にも活動の様子を観察します。そのうえで，本人の負担が軽くなるような支援の方法を一緒に考えていけたらと思います。

　黒板を写せない理由には，いくつかの原因がある可能性があります。子どもの状況を確認できたところで，他の教員とも支援方針を共有して，保護者に面談でお話しする場面を設けたいと思います。

### 🔑 学校の先生へのキーポイント

　学校は子ども一人一人を大切にした指導を行っており，それぞれの子どもに応じた教育的配慮を行っています。近年，合理的配慮の提供を求められる機会が多くなっているため，ここでは，合理的配慮の提供を意識した対応を説明します。

　平成28年4月に施行された「障害を理由とする差別の解消の推進に関する法律」には，障害を理由とした不当な差別的取扱いの禁止と，合理的配慮の提供の義務が示されています。この法律は，全ての国民が，障害の有無によって分け隔てられることなく，相互に人格と個性を尊重し合いながら共生する社会の実現を目的として設定されており，自治体は，合理的配慮の提供に向けた対応要領などを作成しています。

　担任をしている際に，クラスの子どもや保護者から，合理的配慮の提供についての申し出があった場合は，その場でこうしますと個人として判断することはしません。学校が組織として合理的配慮を提供できるように，子ども

の状況や保護者の意向を聞いたうえで，後日，改めて伝えるという形をとるようにします。校長も参加する特別支援教育校内委員会などで確認をして，学校全体として合理的配慮の提供を行う判断が必要になります。

　合理的配慮は教科内容等の本質的な変更ではなく，障害のある子どもが学習などの諸活動に参加するためのスタートラインに立つために必要な配慮になります。本人や保護者の申し出に対して，合意形成を図ったうえで提供します。合理的配慮は，個別の教育支援計画や個別の指導計画に記載をして，子どもの状態の変化に伴い，柔軟な見直しを行います。このような合理的配慮の提供に向けた基本的な考え方，申し出を受けた場合の校内での流れなどについては，普段から他の教員と確認しておくとよいです。

　また，合理的配慮は個別性が高いものであり，個々の児童生徒に応じて必要な配慮を考える必要があります。今回の相談にある，「黒板を写せない」ことに対する配慮を求められた場合でも，一人一人対応は異なります。例えば，認知の困難さがある場合は，拡大して確認し視写できるようにタブレット等で記録を残す対応が考えられます。ワーキングメモリが弱いために覚える負担を軽減する必要がある場合は，机上に板書と同じものを用意して，ノートに写しやすくする対応が考えられます。麻痺などがあって，書くのに時間がかかる場合は，ワークシート形式のプリントを用意して写す分量を減らす対応が考えられます。子どもの実態によって支援内容が異なるため，子どもの実態把握はとても大切になります。同時に，子ども自身が自分の状態を理解し，自分から必要な配慮を伝える力を育てることも必要になります。

　「合理的配慮」実践事例データベースが，国立特別支援教育総合研究所の「インクルーシブ教育システム構築支援データベース（インクルＤＢ）」にあります。また，独立行政法人大学入試センターのホームページから，受験上の配慮事項例を確認することができます。必要に応じて参照してください。

## Q10　子どもの発音が気になります。学校で受けられる支援はありますか？

 **保護者への回答例**

　発音の誤りについては，「通級による指導」等の指導対象となっています。「通級による指導」を受けるためには，所定の手続きがありますので，その流れに従って進めていきましょう。

　大事なことは，聞き手である保護者や教員が，発音の誤りを必要以上に気にすることなく，子どもが話したい内容をしっかりと受け止めることです。発音の誤りが，コミュニケーション意欲の低下につながることがないよう，子どもの発音ではなく，子どもの話したいことにしっかりと注目しましょう。

### 🔑 学校の先生へのキーポイント

　子どもが話し始めたタイミングで，既に正しい発音の仕方を獲得されているということは，決してありません。すべての子どもが，発達していく過程の中では，発音に誤りがある状態を経るわけです。また，正しい発音の仕方の獲得には，一定の順序性が存在します。一般的には，6歳を過ぎて小学校入学までには，ほとんどの音で正しい発音の仕方が獲得されるとされています。そして，正しい発音の仕方の獲得までに時間がかかるのが，サ行の音やザ行の音，ラ行の音等になります。

　保護者が発音の誤りを心配し，幼稚園や保育園に在籍しているときから，教員に相談するということは，少なくありません。また，その結果，教員から「様子を見ましょう」と言われることも少なくありません。例えば5歳の子どもが，「先生」と正しく発音できずに，「しぇんしぇい」や「ちぇんちぇい」となっていても，発達の過程では起こりうることで，「様子を見ましょう」という対応も選択肢となります。しかし，知的発達の面で遅れがない小学校3年生の子どもが「しぇんしぇい」と発音していたら，様子を見るのではな

く，指導の必要がある可能性があります。その場合は，保護者や子どもの意思や思いを尊重しながら，「通級による指導」等につなげていきます。

　小学校入学当初に，前述と同様の発音の誤りがあり，保護者から相談を受けた場合は，「様子を見ましょう」という対応となる可能性があります。その際には，発音の変化を追いながら継続して保護者と相談を重ねることが大切になります。保護者が，「相談したのに放っておかれた」という思いにならないように留意します。ただし，「すべて発音が母音だけになっているように聞こえる」「イ列の発音がンの音に聞こえる」等というような特異的な状態であれば，指導が必要な可能性があるため，早い段階から「通級による指導」等につなげることを視野に入れます。

　保護者が「発音が心配」と話しながらも，詳しく聞き取っていくと，実は発音の誤りではなく，吃音（きつおん）に関する心配であったということもあります。吃音は，「わ・わ・わ・私は〜」と話し始めの音を繰り返したり，「わーたしは〜」と話し始めの音を引き伸ばしたりする，話し言葉の流暢性（りゅうちょう）に関する障害です。吃音については，状態や状況によって，社交不安障害につながることがあるとされています。子どもが困っている様子が感じられたら，発音の誤りと同様に「通級による指導」等につなげることが大切です。

　また，保護者から「子どもとの会話が成立しにくい」という訴えがあることもあります。この背景には，発音の誤りや吃音が含まれていることがありますが，聴覚障害や発達障害がその背景にあるということもあります。保護者がなぜ「会話が成立しにくい」と感じているのか，丁寧に聞き取っていくことがとても大切になります。

参考文献

阿部雅子（2008）．『構音障害の臨床——基礎知識と実践マニュアル——改訂第２版』金原出版
菊池良和（2012）．『エビデンスに基づいた吃音支援入門』学苑社
山下夕香里（2017）．「構音障害児の支援」日本言語障害児教育研究会編著『基礎からわかる言語障害児教育』学苑社

## Q11　通級指導教室の利用を考えています。通級での指導について教えてください。

 保護者への回答例

「通級による指導」は，子どもの抱える読み書きが難しかったり友達とのコミュニケーションがうまく取れなかったりする等の学習上または生活上の困難さに寄り添う指導です。通級担当教員が，子どもが抱える困難さの要因を分析・整理しながら，担任や保護者と連携して学校生活の中で十分に力を発揮するための手立てを考え指導します。「通級による指導」では，苦手な部分にだけアプローチするのではなく，得意な部分を伸ばしていくという視点も大切にしています。

 学校の先生へのキーポイント

「通級による指導」は，小・中・高等学校や義務教育学校，中等教育学校の通常の学級に在籍して授業を受けながら，障害の状態に応じた特別の指導を受ける指導形態です。「通級による指導」を受ける場の名称は「通級指導教室」「ことばの教室」「きこえの教室」「まなびの教室」等として学校に設置されていることが多いです。指導対象となる障害は「言語障害」「自閉症」「情緒障害」「弱視」「難聴」「LD（学習障害）」「ADHD（注意欠如・多動性障害）」「肢体不自由」「病弱及び身体虚弱」となりますが，どの障害種に対して「通級指導教室」が設置されているかは，自治体によって違います。

年間で「通級による指導」を受けることができる時間は規定されており，その範囲内で指導を受けます。また，「通級による指導」の開始にあたっての手続きは，自治体ごとに異なっています。しかし，児童生徒の実態を十分に把握したうえで，「通級による指導」が必要かどうか判断していくという点は，共通しています。

「通級による指導」の実施形態は，児童生徒が在籍する学校において指導

を受ける「自校通級」，他の学校に定期的に通い指導を受ける「他校通級」，「通級による指導」の担当教師が，該当する児童生徒が在籍する学校へ行き指導を行う「巡回指導」の３種類があります。各自治体で，さまざまな状況に鑑みながら，指導効果が高いと考えられる形で実施されています。

　「通級による指導」では，障害による学習上または生活上の困難を改善し，または克服するため，特別支援学校学習指導要領の「自立活動」に相当する指導を行います。自立活動にある項目を参考にしながら，指導目標を設定し指導を行っていきます。また，特に必要があるときは，障害の状態に応じて各教科の内容を取り扱いながら指導を行うことができます。ただし，単に各教科・科目の学習の遅れを取り戻すための指導ではないということに留意することが必要です。

　「通級による指導」は，「通級指導教室」での指導だけで十分な指導効果を上げることは難しいです。児童生徒が普段在籍している学校や学級と，通級指導教室，そして家庭の三者間で連携して指導や支援を進めることが大切です。そのため，担任者会などを設けて通級での指導が在籍校や在籍学級での学びにつながるように情報を共有したり，定期的に保護者面談を設定し成長の様子や指導の目標を確認したりします。加えて，児童生徒の障害の状況によっては，医療機関や療育機関との連携も重要となります。「通級による指導」を効果的に行うためには，児童生徒と関わりをもつ者がそれぞれの役割を意識し，児童生徒の強みを生かすという観点を共有することも大切になります。

参考文献

田中裕一監修（2019）.『新版「特別支援学級」と「通級による指導」ハンドブック』東洋館出版社

文部科学省（2018）.『改訂第３版　障害に応じた通級による指導の手引　解説とQ&A』海文堂

## Q12 特別支援学級への入級を考えています。特別支援学級について教えてください。

### A 保護者への回答例

　特別支援学級は，子ども一人一人の教育的ニーズを把握し，具体的な活動や体験を通して，社会生活に必要な知識，技能，態度，生活習慣などを身に付け，自立と社会参加の基礎を養う学級になります。1学級の在籍児童生徒数は8名になるので，通常学級よりも少ない人数で，学習等を行います。特別支援学級への入級を考えている場合は，事前に特別支援学級の授業を参観，体験することができます。学級の教員から学習内容や交流及び共同学習についても詳しく説明を受けます。そのうえで，自治体の教育相談センター等で入級希望の相談を行い，特別支援学級が学びの場として適しているという判断を受けてから，子どもは入級します。

### 🔑 学校の先生へのキーポイント

　特別支援学級は，障害があるために通常学級では十分な教育効果を上げることが難しい児童生徒のために編成された学級です。子ども一人一人の教育的ニーズを把握し，具体的な活動や体験を通して，社会生活に必要な知識，技能，態度，生活習慣などを身に付け，自立と社会参加の基礎を養う学級になります。特別支援学級1学級の在籍児童生徒数は8名になります。

　学校教育法第八十一条では知的障害者，肢体不自由者，身体虚弱者，弱視者，難聴者，その他障害のある者で，特別支援学級において教育を行うことが適当な者に対して，小学校，中学校，義務教育学校などに設置することができる学級とされています。その他障害のある者には，言語障害者，自閉症者・情緒障害者が該当します。自治体によって設置されている障害種が異なるため，自分の学校に，どの障害種の特別支援学級が設置されているかを事前に知っておく必要があります。

　入級にあたっては，特別支援学級での生活や学習内容，交流及び共同学習，中学校では進路などについて説明をして，本人，保護者の希望を確認します。入級の希望がはっきりとしたら，各自治体が定める方法で特別支援学級への入級の判断を出す教育相談センターなどに申し込みをします。相談の結果，特別支援学級での教育が適するとの判断が出ると，特別支援学級に入級できます。本人の学びに合っているかを確認するため，特別支援学級の授業を一定期間体験してから転籍をすると，よりスムーズです。

　特別支援学級の教育課程の編成については，学習指導要領の総則に記載されています。児童生徒の障害の程度や学級の実態等を考慮して，各教科の目標や内容を下学年の教科の目標や内容に替えたり，特別支援学校（知的障害部門）の各教科に替えたりするなどして，教育課程を編成することができます。また，それぞれの学習上の特性にあわせて，各教科等を合わせた指導を行うこともあります。ただし，特別な教育課程を編成する場合でも，特別支援学級は小中学校の学級の一つであり，小中学校の目的及び目標を達成するという点では，通常学級と変わりません。

　特別支援学級では，障害による学習上，生活上の困難を改善・克服するために必要な知識や技能等を養い，心身の調和的発達の基盤を培うことをねらいとした，特別支援学校学習指導要領に示す自立活動を取り入れることも規定しています。自立活動は，各教科等で育まれる資質や能力を支える役割を担います。「健康の保持」，「心理的な安定」，「人間関係の形成」，「環境の把握」，「身体の動き」，「コミュニケーション」の6つの区分の下に27項目が設けられています。

　特別支援学級への入級は，児童生徒が，特別支援学級で学ぶことで，学習内容が分かる，できることが増え達成感を得られる，自分に自信をもてるなどの効果が期待されます。一方で，教育課程の編成によっては，通常学級と同じ授業時間数にならない教科等が生じることもあるため，事前に丁寧に説明して理解を促す必要があります。

**Q13** 中学校の特別支援学級を卒業すると，どのような進路がある
のでしょうか？

 **保護者への回答例**

　中学校特別支援学級を卒業した生徒の進学先は多様になっています。特別
支援学校の高等部に進学をする生徒もいれば，全日制，定時制，通信制の高
等学校に進学する生徒もいます。また，公共の職業能力開発施設に入学する
生徒や就職をする生徒もいます。

　中学校卒業後の進路選択については，子ども自身がどのような進学先を希
望しているか，その進学先を卒業した後，どのような仕事に就きたいかとい
う子ども本人の思いを大切にして進めていくとよいです。

　保護者も学校説明会に一緒に参加して，学校の特長を知っていると，子ど
もの普段の様子と合わせて具体的なアドバイスがしやすくなります。

🔑 **学校の先生へのキーポイント**

　公立中学校特別支援学級卒業後の進路は，令和3年度学校基本調査による
と，特別支援学校が 40.1%，高等学校及び中等教育学校後期課程の本科及
び別科，高等専門学校が 57.7% になっています。公共職業能力開発施設へ
の入学や，就職する生徒もいます。平成30年度までは，特別支援学校への
進学割合が半数を超えていましたが，近年，半数を下回っています。個々の
ニーズに合った進路の選択肢が増えていることに加えて，特に在籍数が増え
ている自閉症・情緒障害特別支援学級に対応した，特別支援学校高等部の障
害種がないことも一因と考えられます。

　特別支援学級在籍の生徒には，自分で進路を選択して決定することや，情
報を集めて判断をすることが難しい生徒もいます。将来の社会参加・自立に
向けてという視点も含めて，中学校入学後，計画的に進路指導を行うことが
必要です。

　進路決定には保護者の協力が欠かせません。教員は保護者面談などで進路についての情報提供等を行いながら，各学校の特長をつかめるように学校説明会などへの参加を勧めます。

　特別支援学校への進学を希望する場合，例えば，知的障害特別支援学校の高等部を希望する場合，生徒が知的障害に該当するのかというように，当該障害種の入学対象であることを確認する必要があります。卒業後の就労を目指し，さまざまな工夫をした教育課程が組まれている特別支援学校に入学をしたものの，本人の障害受容ができておらず，進路変更が必要になるケースもあります。特別支援学校の教育課程をしっかりと説明し，確認することが必要です。

　最終的に進路先を決めるのは，生徒本人と保護者です。保護者は「この学校に行くと就職に有利だから」など，生徒本人の実態から考えると学習等についていくことが難しいと感じる学校を希望することもあります。また，高等学校の卒業には所定の単位取得が必要です。入学後の学校でのサポート体制が十分でないために単位を取得できないということもあります。保護者に対して事前に，学校説明会で入学後の学習面などのサポート体制などを確認するように助言をしておくことも効果的です。

　進路指導は，進学先に入学して終わりではありません。進学先で生徒がその後の社会的自立に向けてより成長できるような進路選択をできるように，丁寧に相談に乗ってください。

　特別支援学級からの進学先は多様になっています。学校内でも３年生の教員や，進路主任の教員と連携・情報交換を密に行い，生徒，保護者が希望する学校の情報を教員も確実に得るようにしてください。

**参考文献**
文部科学省総合教育政策局調査企画課（編）（2022）．『令和３年度学校基本統計学校基本調査報告書——初等中等教育機関・専修学校・各種学校編』

## Q14　特別支援学校は，どのような種類があるのでしょうか？

 **保護者への回答例**

　特別支援学校の多くは公立学校になります。

　入学対象として，視覚障害者，聴覚障害者，知的障害者，肢体不自由者，病弱者（身体虚弱者含む）が挙げられます。それぞれの学校によって特色があり，初等部，中等部，高等部の他に幼稚部や専攻科を併設している学校もあります。例えば視覚，聴覚障害の方を対象にした盲・聾学校や，病弱者を対象とした，病院内に併設している学校等があります。また学級は，「知的障害部門」，「肢体不自由部門」といったように障害種ごとにクラス編成されることが多いです。

 **学校の先生へのキーポイント**

　一定の支援が必要な子どもの学びの場として，通級，特別支援学級，特別支援学校等が挙げられます。それぞれで基準となる障害種や障害の程度は異なります。例えば，特別支援学校の入学対象となる障害種は学校教育法施行令第二十二条の三という法律で規定されています。この法律では障害の程度についても記載されており，例えば特別支援学校の入学対象となる視覚障害者は，「両眼の視力がおおむね 0.3 未満のもの又は視力以外の視機能障害が高度のもののうち，拡大鏡等の使用によっても通常の文字，図形等の視覚による認識が不可能又は著しく困難な程度のもの」と定められています。このように支援が必要な子どもの進学は法律等で規定されており，特別支援学校については原則上記5種が入学対象となります。

　また，例えば自閉症（ASD）は特別支援学校の入学対象とはなりませんが，知的障害を有していた場合は，知的障害として特別支援学校の入学対象となる可能性もあります。そのため，実際には自閉症やダウン症候群等，さまざまな障害のある子どもが特別支援学校には在籍しています。

　さらに，複数の障害を併せ有する場合は「重複障害」として認定されることがあります。重複障害をもつ子どもとは，先述の学校教育法において規定されている障害を複数併せ有する子どもや，規定されている障害と，それ以外の障害等を併せ有する子どもです。例えば，肢体不自由と知的障害の場合は，規定されている障害のうち２種を併せ有しているので，重複障害として認定されます。

　つまり，基準となる障害種以上に，個々に特性のある子どもが多く在籍をしています。『特別支援教育資料（令和３年度）』によると，2021年の全国の特別支援学校（小・中学部）における重複障害学級在籍率の総計は31.8% であり，肢体不自由者については49.9% が重複障害学級に在籍していると発表されています。

　特別支援学校への希望が出た場合は，まずはその子の特性やよいところ，支援が必要な部分を聞き取りましょう。そして，それに応じて保護者が感じている思いや教育方針等を含めたニーズをくみ取り，そのうえでどのような教育環境が適しているのか検討するとよいでしょう。

参考文献
文部科学省（2022）.『特別支援教育資料（令和３年度）』(https://www.mext.go.jp/ a_menu/shotou/tokubetu/material/1406456_00010.html)
文部科学省初等中等教育局特別支援教育課（2022）.『障害のある子供の教育支援の手引 ～子供たち一人一人の教育的ニーズを踏まえた学びの充実に向けて～』ジアース教育新社

## Q15　特別支援学校を卒業すると，どのような仕事に就くのでしょうか？

### A　保護者への回答例

　主な就職先としては，清掃業やサービス業，製造業，販売業，事務等が挙げられます。また，企業以外の仕事に就くことも可能です。例えば，就労継続支援と呼ばれる事業所は，一定の支援がある職場で仕事を行うことができます。他には，社会福祉施設でも食品加工や農作業を活動に取り入れる等，さまざまな特徴をもった施設があります。

　まずは子どもの得意なことを中心に据えて，どのような進路が合っているか一緒に考えていきましょう。特別支援学校には進路専任も在籍していますので，気になることがあれば気軽に相談してください。

### 学校の先生へのキーポイント

　2022年3月の特別支援学校高等部卒業者の進路は，61.6% が社会福祉施設等への入所・通所，30.7% が就職等となっています（文部科学省，2022）。卒業後の進路は，特に高等部においては保護者の関心の高い事柄です。今回は特別支援学校の視点から，就職等進路に関する保護者支援のポイントを三つに絞り，述べていきます。

　一つ目は，進路相談に対する教員としての意識のもち方です。進路相談は子どもや保護者が主体的に進路を選択できるよう，支援をする立場として行うことが重要です。子どもの将来に悩む保護者を前にすると，教員が主導となり具体的な進路を提示したくなる気持ちが生じるかもしれません。しかし，進路先を決定するのは他でもない生徒本人や保護者です。また多くの教員は公務員の立場にありますので，特定の就職先や施設等のみを紹介してしまうと，公正・中立の立場が保てません。このことから，進路先として複数の選択肢を提示したり，選択肢を絞り切れない場合は，保護者と一緒に考えを整理したりといった姿勢が必要となります。

　二つ目は，卒業後の就職等の状況に関する知識です。卒業後の進路に悩む保護者は，客観的な判断が難しくなっていることがあります。そこで，さまざまな支援制度や進路の選択肢があることを伝えると，保護者も安心感を得て，多様な可能性を検討できるでしょう。例えば，社会福祉施設の中には就職の前段階として通う場所もあります。就労移行支援や自立訓練と呼ばれ，就職や社会生活に必要な知識及び能力を培う施設です。特別支援学校では進路に特化した教員も在籍していますが，担任としても基礎知識をもっていると保護者はもちろん，進路関係者とも共通理解を図れます。

　三つ目はチームでの協働です。通常，進路相談は担任と保護者が参加して行われますが，特別支援学校ではここに「進路専任」と呼ばれる教員も加わります。進路専任とは学級を担任せず，学校と企業・施設の橋渡しを担う教員です。具体的には，進路候補の企業や施設との交渉や，職場見学や実習時の日程調整，面接への同行等を担当します。企業・施設と密に関わっていることから，進路専任の情報や視点は進路を決定するうえで重要な指針となります。

　進路指導を進める中で，進路先に対する見解のずれが生じるかもしれません。担任，保護者，進路専任，職場という異なる視点で子どもを見ると，子どもの捉え方が違うことがあります。その違いを調整しながら，よりよい進路を検討する力が必要となってきます。また，生徒・保護者は主体的に進路先を選ぶ立場であると同時に，進路先からも選ばれる立場になります。企業・施設はそれぞれの経営方針をもっていますので，求める人材も異なります。さらに就職の場合は，一定の業務遂行能力やコミュニケーション能力に加え，本人の適性も関わってきます。就職等に向けた活動が本格化すると，本人の意にそぐわない結果も予想されます。その際に保護者の気持ちに寄り添いながら，改めて一緒に進路を検討していくことも大事なポイントとなります。

参考文献
文部科学省総合教育政策局調査企画課（編）（2022）.『令和３年度学校基本統計学校基本調査報告書──初等中等教育機関・専修学校・各種学校編』

## Q16  子どもは日本語が母語ではありません。日本の学校ではどのような支援を受けられますか？　国際教室での指導について教えてください。

### A 保護者への回答例

　日本での慣れない生活の中で子どもを育てることは，とても大変なことだと思います。子どもの母語が日本語でない場合，日本の学校へ入学させることはさらに心配なことだと思います。まずは入学予定先の学校の校長先生や担当の先生に，どのような支援があるか相談してみてください。保護者も日本語が母語でない場合は，地域によっては通訳を依頼することができます。通訳が依頼できるかどうかも学校に確認してください。地域の国際交流協会などでは，母語で相談できる窓口を設置している場合があります。困ったときには一人で悩まず，相談してみましょう。

　また，同じ母語を話す人たちとのコミュニケーションも大切です。地域日本語教室などにも積極的に参加し，同じ母語を話す人たちとも交流し，お互いに情報交換などできるようにしましょう。

### 学校の先生へのキーポイント

　外国人が日本で生活することは，日本人が考える以上にとても大変なことです。たとえば，中国人なら漢字を使うから日本語表記でも漢字があれば大丈夫だと思うかもしれませんが，中国語と日本語では同じ単語でも意味が違う場合もあれば，発音も全く異なります。慣れない日本で生活している労力と苦労に寄り添いましょう。

　学校内での日本語指導等の支援内容は各自治体で大きく異なります。まずは保護者が居住している自治体の日本語支援体制がどのようになっているかを確認してください。

　各自治体での日本語指導体制として，「拠点校での指導」，「日本語指導担

当教師による巡回指導」，「各学校での指導」などがあります。拠点校での指導は，市町村の一定域内で，初期日本語・適応指導教室や日本語と教科の統合学習などの取り出し指導を行うための「拠点校」を設置し，域内の日本語指導が必要な児童生徒が通級等を行う形式です。日本語指導担当教員による巡回指導は，市町村の一定域内で，外国人児童生徒等担当教員を配置する「拠点校」を設置し，担当教員が拠点校以外の学校への巡回指導を行う形式です。近隣の学校から「拠点校」に通級して指導を行う地域もあります。各学校での指導は，在籍校に外国人児童生徒等担当教員を配置し，担当教員が配置校で自校の児童生徒に日本語指導・教科指導等を行う形式です。

　学校での指導の他にも，地域の国際交流協会や各支援団体が学習教室や通訳派遣などを行っている場合があります。

　「子どもは日本語が母語ではない」といっても，母語や日本語の習得状況は子どもによって違うだけでなく，家庭内で使用している言語やその背景によっても，必要な支援は一人一人大きく異なります。また，帰国・来日したばかりの子どもにとって，授業で使う日本語は初めて学ぶものであり，学校生活も困難を伴います。

　さらに，保護者も日本の学校を卒業していない，日本の学校と同等の教育を受けていないことを念頭に説明をする必要があります。私たちが学校生活を送るうえで当たり前と思っていることも，日本語が母語でない保護者にとっては当たり前のことではありません。保護者と子どもの気持ちに寄り添ったアドバイスを心がけましょう。

**参考文献**

文部科学省総合教育政策局男女共同参画共生社会学習・安全課（2019）．『外国人児童生徒受入れの手引改訂版』明石書店

## Q17　経済的に苦しく，進学について悩んでいます。高等学校で受けられる学費等の援助について教えてください。

### A　保護者への回答例

　私立ではなく公立を選んだ方が金銭的な負担が軽いと考える方もいますが，近年，高等学校で受けられる就学支援金制度が充実してきました。私立に入学した場合，公立入学で受けられる支援に加えて授業料等に対する支援を受けられることもあります。また，学校独自に入学者選抜の中で特待生などの名称で学費等に対する優遇等を決めている私立もあります。国の行っている高等学校等就学支援金制度についての資料を確認してみましょう。

　学費等の支援制度を確認したうえで，高等学校で具体的にどのようなことを学びたいか，高等学校卒業後，どのような進路を考えているかなどについても話をして，より具体的に志望校を決めていくとよいと思います。

### 学校の先生へのキーポイント

　教育相談や保護者面談などの際に，進路についての話題が出ることがあります。自分自身の興味や関心などから，将来の話になり，具体的な高等学校名が出てくることもあれば，保護者が子どもの進学先を考える中で，公立と私立の学費の違いや定時制や通信制高等学校についての情報などを求めてくることもあります。進路先を決定するのは最終的には，生徒本人と保護者になりますが，思いをしっかりと聞いて，適切な情報提供をすることが必要になります。ここでは，学費に対する質問が出た際に参考になるよう，高等学校で受けられる，経済的な支援をいくつか紹介します。

　高等学校で受けられる学費に対する支援制度は，世帯年収に制限はありますが，以前に比べて充実しています。学費の支払いが負担になるために私立をあきらめなくてはならないというケースは少なくなっています。

　支援制度の代表的なものとして，国の高等学校等就学支援金制度がありま

す。この制度は、「授業料に充てるための就学支援金を支給することにより、高等学校等における教育に係る経済的負担の軽減を図り、もって教育の実質的な機会均等に寄与すること」を目的としています。平成26年4月以降の入学者が対象になります。国公私立問わず、高等学校等に通う所得等要件を満たす世帯の生徒に対して、授業料に充てるために、国が高等学校等就学支援金を支給します。年度によって金額に変動があるので確認が必要です。これに加えて、都道府県ごとに、私立に在学する生徒に対する修学支援事業があり、授業料支援や施設整備費等補助、入学料補助等が受けられます。

　また、授業料以外の教育に必要な経費に対し、給付金を支給する、高校生等奨学給付金制度もあります。この制度は、生徒が安心して教育を受けられるよう、授業料以外の教育費負担を軽減するため、高校生等がいる低所得世帯を対象に支援を行う制度です。授業料以外の教育費には、教科書費、教材費、学用品費、通学用品費、教科外活動費、生徒会費、PTA会費、入学学用品費、修学旅行費等が該当します。

　この他に、解雇などの理由により、生徒の家計が急変した際に、学校が生徒の授業料を軽減した場合、授業料を軽減した学校に対して補助を行う県があるなど、都道府県によって独自の支援を行っていることもあります。

　なお、各校独自で行っている、学費等に対する特待生の制度や受験時期によって入学金等が優遇される制度もあります。私立の入学者選抜制度については、当該年度の情報は、中学校の進路主任の教員のところに集まっています。小学校の教員も、面談の際などに少しでも進路について知っていて情報提供ができると、教員に対する信頼が増します。小中連携の際などに気になる学校のことを聞いて、情報を集めておくとよいです。

## 2　心理の先生に質問です
― 保護者から心理の先生への質問，心理の先生からの回答 ―

### Q18　子どもが何をするにも時間がかかってしまい，遅刻しがちです。

#### A 保護者への回答例

　目的の時間があるのに，なかなか動かず，結局遅刻を繰り返してしまうことがあります。登校時間に学校に行けるようにと工夫するものの，なかなかうまくいかないかもしれません。どう見ても目的の時間に間に合いそうもない様子を見ていると，気がせいてしまい，叱責してしまうこともあると思います。言葉での注意で，遅刻をしなくなる場合はそれでよいのですが，注意しても変わらずただただ毎日叱責を繰り返していると，保護者も子どももだんだんと自信がなくなり，消耗してしまいます。

　まずは，毎朝の日課を効率良くできるように工夫し，ルーチンにしましょう。逆算して子どもの朝のスピードに合わせた時間を用意することも大切です。朝の動き方がある程度決まれば，自然と動くことができるようになります。

　こうした対処で難しい場合には，工夫が必要な特性があること，もしくは心理的な問題を抱えていることを考える必要があるかもしれません。

#### 🔑 心理の先生へのキーポイント

　「何をするにも時間がかかる」には子どもなりの理由があります。何をしているときに時間がかかるのか，何に時間がかかっているのかを観察すると子どもの性格や特性，心の状態が見えてきます。ここでは，子どもの生活習慣，生まれつきの特性，心の問題の三つに分けて考えます。

　まず，生活習慣の問題についてです。規則正しい生活を促します。夜寝る時間と起きる時間を決め，朝起きてから学校へ出発するまでに行うことを考えなくても動作ができるように毎日の行動をルーチンにするよう助言します。

毎日の行動が決まっていることで子どもはスムーズに動けるようになります。また，規則正しく生活しようとしても夜眠れない，朝起きられない等の訴えがあるときには，何か別の問題を抱えているかもしれません。その場合には家庭で抱えすぎず，心理士等の専門家に相談するよう伝えておきます。

　生まれつきもっている特性については，①身体の動き，②手指の器用さ，③情報処理のスピード，④情報処理の方法（一つのことに集中して作業・いくつか並行して作業）⑤気持ちの切り替え等，さまざま考えられます。子どもの特性を知ることができれば，それに合わせて工夫することができます。子どもの動きの遅さや不器用さに合わせ，時間や課題を調整します。不器用さのため一つ一つの行動に時間がかかることがあります。例えば，指先が不器用なため靴紐を結ぶのに時間がかかる場合には，マジックテープの靴を用意する，簡単に結べる方法を教える等具体的な方法を考えます。また，頭の中で考える時間が必要な場合にも充分な時間を取るようにします。並行していくつかのことを進めることが苦手な子どもには，一つのことが終わったら次のこと，と順番に取り組めるように工夫すると混乱せず，早く行動できます。保護者と子どもが特性を知り，それに対処することで時間に間に合う体験を重ねることが大切です。

　心の問題についてはさまざまな理由が考えられます。低学年のうちは，保護者と離れて学校に行くことに強い不安を感じることがあります。また，高学年になっても，乗り越えられない問題が起こったときには同様のことが起こることがあります。その他，心の問題で不安が強く，動けない場合もあります。普段はできるのに，朝の時間になると行動が遅い，なかなか起きない，切り替えられないときには，心の問題があるかもしれません。まずは子どもの気持ちを否定せずに聴き，毎日の様子を見守るよう保護者に助言します。子どもが不安なく家を離れられるよう，安心できる環境を用意してもらいます。何か学校での問題を抱えているのかもしれません。担任と相談することも大切であると伝えましょう。また，スクールカウンセラー（SC）等，身近にいる心理の専門家がいつでも支援できることも伝えておきましょう。

## Q19　子どもが他の子に対して乱暴してしまうことがあります。

### A 保護者への回答例

　自分の子どもが他の子に対して乱暴してしまうことに保護者として大変心を痛めていることと思います。これまでも，何か問題があるたびに謝罪をしたり，学校や相手の保護者に気をつかったりと，子どものフォローをしながら苦しんできたのではないでしょうか。相談にいらっしゃるのにも，とても勇気が必要だったと思います。

　子どもの友達関係や，将来の人間関係についても心配になっているかもしれません。子どもは人間関係をやり直し変えていく力をもっています。乱暴をしてしまったことはしっかりと謝るよう教えて，どのような行動をすればよいか，適切な方法を子どもと一緒に考えていきましょう。

###  心理の先生へのキーポイント

　子どもの乱暴についての寛容さは家庭によって異なります。きょうだいげんかを含めて子どものことは子ども同士で解決する方針の家庭もあれば，少しでも人を傷つけたり傷つけられたりすることは許さないと考える家庭もあります。乱暴なことを，子どものわんぱくや自己主張の明確さと考える保護者は，自分から相談することはありません。自分から相談に訪れる保護者は，相談に来る前にも子どもが複数回の問題を起こし，その解決に悩み，疲弊していることがあります。まずは，子どもの問題に保護者として最善の対応をしようとしていることを大切にしてください。子どもの乱暴に対応する過程で，他人から辛辣な言葉を投げられて傷つき，保護者として自信をなくしていることも念頭に置きながら，話を聴く必要があります。

　乱暴な行動によって傷ついたり嫌な思いをしたりする相手がいる場合には，子どもにきちんと謝ることを教える必要があります。保護者が謝る姿を見せてもよいでしょう。子どもはどのようなときに謝るのか，どのような行動が

社会で許容されないのかを理解できるようになります。発達の段階によって
は，子ども同士では解決が難しい場合があります。このような場合は，大人
が間に入って，時間をあけずしっかり謝ることが大切です。どのような行動
をすればよかったのか，適切な行動についても子どもと一緒に振り返って考
えます。

　そのうえで，なぜ乱暴したかを考えます。大人でも，ストレスがたまると
イライラして怒りっぽくなりますが，子どももストレスが原因で乱暴に行動
することがあります。特に小さな子どもは，言葉で気持ちを表現することが
できず，行動に表れやすくなります。勉強や習いごと，友達関係，家庭のこ
とがストレスの原因になりやすいです。保護者とともに，ストレスの原因を
探し，原因が分かったらストレスを緩和できるよう調整しましょう。また，
身体を動かす，絵や音楽といった表現活動を行うなど，ストレスを発散して
すっきりとできる活動を取り入れるのも有効です。

　乱暴な子どもの中には，発達障害をもつ子どももいます。たとえば
ADHD（注意欠如・多動性障害）の子どもは衝動のコントロールが苦手な
ために，嫌なことがあるとパッと手や口が出てしまうことがあります。自
閉症（ASD）の子どもは，人間関係をうまく理解できず，他人からされた
ら嫌なこと，そっとしておいたほうがよいことが分かりません。極端な場合
は，ボールを階段から落とすのと同じように人を落としたらどうなるか，太
鼓をたたくように人をたたくとどんな音がするのかを知りたくて乱暴を働い
てしまう場合もあります。発達障害をもつ子どもの行動が問題となる場合は，
児童精神科医や心理士に相談することを保護者に促し，ソーシャルスキルト
レーニング等を取り入れた療育機関への道筋を作ります。子どもが良い人間
関係を築くことができるよう，保護者と子どもの取り組みを応援していきま
しょう。

## Q20　子どもが気に入らないことがあるとかんしゃくを起こしてしまいます。

### A 保護者への回答例

　かんしゃくを起こしているとき，子ども自身，気持ちを収めることができず，自分の感情に翻弄されている状態です。気に入らないことがあり，不快感や怒り，甘え等色々な気持ちが出てきてしまい，うまいこと収められないでいるのです。また，感情を爆発することで，自分の気持ちをわかってほしいと訴えていることもあります。

　怒りや自己主張は必要なことですが，この場合はあまりにも感情をコントロールできないでいることが問題となります。感情を表現することをやめるのではなく，自分の感情とうまく付き合えることを目指します。感情は瞬時にピークに達しますが，すぐに落ち着いてきます。まずは感情がピークに達してから，感情が爆発するまでの間をもてるようにすることが大切です。最初は1秒の間であっても，次第に間を長くもてるようになることで，感情を扱いやすくなります。

### 🔑 心理の先生へのキーポイント

　まずは，子どもがいつ，どのようなことでかんしゃくを起こすのか，よく見て考えるよう保護者に伝えましょう。かんしゃくを起こしているとき，子どもは色々な感情を体験し，それをうまく表現することができないでいます。本人もどうしようもない気持ちになっているのです。怒りや悲しみ，不満を表現すること，自分の思いを自己主張することはとても大切なことです。ただ，ある程度感情を統制し，感情とうまく付き合えるようになることは，子どもにとって気持ちの安定や安心につながります。

　かんしゃくを起こしているそのときには，まずは子どもの安全が一番大切です。危険がないか確認します。そのうえで，感情の爆発が終わるのを待ち

ます。無視するのではなく，感情の嵐が過ぎ去り，本人が感情をなだめて話ができるようになるまで待ちます。話せるようになったら，何を伝えたかったのかできる範囲で言葉にしていきます。

　感情，特に怒りの感情は瞬時にピークに達します。その後，何もしなければおよそ６秒で落ち着いてくるとされています。６秒というのは，大脳辺縁系が活性化し感情が起こってから，理性（前頭葉）が働き始めるまでのおおよその時間です。ピークの感情を表現するのではなく，しばらく待つことができれば，感情に対処しやすいのです。どうやってピークから少し落ち着くまでの間を作るか，その方法を考えておくことが必要です。方法は人によりさまざまです。子どもに合った方法を一緒に考えるよう保護者を促しましょう。以前出会った子どもは，つねに手首に輪ゴムを付け，感情がたかぶるときにはそれをはじいていました。また，別の子どもは手触りのよい小さなぬいぐるみを用意し，それを触ることで気持ちを収めていました。数を数えることも有効です。最初は１秒，２秒のほんの少しの間で充分です。間がもてるようになるほど，感情を扱いやすくなります。

　間がもてるようになってきたら，「かんしゃくを起こす前に気付き伝えること」，「感情が爆発した後に客観的に気持ちを考えること」に取り組みます。爆発の前に伝えるには，自分の感情がどの程度なのか気付けるようになることが大切です。例えば，気持ちを10段階で考えて，「今レベル６くらいの怒りを抱えている」と数字にしてみます。爆発するかもしれない10に近づいていることに気付くことができ，伝えることができるようになることを目指します。人前でも目立たないように，保護者と子ども，教員と子どもの間で，爆発しそうなことを知らせる SOS の合図を決めておくのも一つの方法です。

　感情が爆発した後は，気持ちに言葉を付けます。怒っていたのか，悲しい気持ちだったのか，寂しかったのか等，感情に言葉を付け，客観的に見ることで，子どもは気持ちを抱えやすくなります。

　かんしゃくを起こすまでの時間を延ばし，感情に気付き，言葉で表現することで，程よい感情表現ができるようになることが期待されます。

## Q21 朝になると子どもが「お腹が痛い」と言って学校を休むことが続いています。

### A 保護者への回答例

　このような状況が続くと心配ですね。「お腹が痛い」と訴えている場合，まずは，その原因が身体の病気でないかを医療機関で診察してもらう必要があります。そこで身体に問題はないと言われたら，次に，気持ちが身体の症状を引き起こしている可能性を考えましょう。心と身体は連動しています。「学校に行きたくない」という心の叫びに身体が先に反応して「お腹が痛い」「頭が痛い」とSOSのサインを出すことはよくあります。早く登校させなきゃと焦って不安になる気持ちは理解できますが，身体のSOSサインが出てどうしても学校に行けないときは，身体と心を休息させることが必要です。「体調が悪いときは休んでいいよ」と言ってあげてください。「急がば回れ」で，まず休息をとってから，次にどうしていくのがよいのか，学校の先生やスクールカウンセラー（以下，SC）と相談しながら，段取りを考えていきましょう。

###  心理の先生へのキーポイント

　学校で不安や気がかりなことがあるときや，疲れが溜まっているときなどに，学校に行きたくないという考えが浮かぶことは誰にでもあります。こういったとき，それを言葉に出して誰かに相談できればよいのですが，誰にも言わずに我慢し続けていると，身体が悲鳴をあげてSOSのサインを出すようになります。多くの場合，不登校はこのようにお腹や頭など，身体の痛みを訴えて登校を渋ることから始まります。まずは医療機関で診てもらって，それが身体の病気によるものではないことを確認しましょう。身体的に特に問題はないと判断された場合，気持ちの影響を考えていきます。

　身体の痛みを訴え始めた頃，何か気になる出来事はなかったか，担任と，学校での友達との関係や学習中の様子，休憩時間の様子などを振り返り，保

護者にも家庭での様子を聞いてみましょう。何か本人が不安に感じている出来事が見つかるかもしれません。大人の目から見ると，ごく些細な問題であったとしても，子どもはそれをとても大きなことに感じている場合があります。子どもが抱えている問題は何なのか，子どもの目線で話をよく聴いて，一緒に考えるよう勧めましょう。保護者が寄り添ってくれるだけで子どもは安心し，不安が治まっていきます。まずは子どもに安心感を与える工夫をしていくことが大切です。このように安心感を与えたうえで背中をポンと押すと，それだけで何事もなかったかのように，学校に行ける状態に戻るかもしれません。

　しかし，どうしても学校に行けない日が続くこともあります。その場合，「体調が悪いときは休んでいいよ」と言って，まずは安心して休める状況を提供してあげてください。そのうえで，それぞれの性格や年齢，置かれている状況などを考慮しながら，その子どもに応じた対応を考えていきます。このとき，つい，学校に「行く」か「行かない」かの二者択一式で考えてしまいがちです。現実的には，その間の選択肢がいろいろあります。例えば，短時間の登校（遅刻や早退を許容する），保健室などの別室への登校などです。丸一日，他の子どもと一緒には過ごせなくとも，さまざまなパターンの登校方法を一時的に取り入れ，柔軟に対応することで，学校に行きやすくなります。この点は学校の規則の中での対応になるため，学校の関係職員と相談しながら考えていけばよいでしょう。

　とはいえ，このまま休み癖がつかないか，勉強に遅れは出ないか？　と保護者は心配します。保護者が気持ちに余裕をもって，ここは「急がば回れ」だと割り切って，子どもの気持ちを受け止められるようにサポートしていくことが重要です。大人が本気になって子どもの悩みを一緒に考えるということ自体が，不安で，疲れている子どもたちの背中を押すエネルギーとなります。大人に守られていると感じる体験は，将来きっと別の形で子どもの役に立つでしょう。

## Q22　子どもが友達と遊ぶときは元気に話しますが，学校では話せません。

### A　保護者への回答例

　学校では全く話さないものの，家族や近所の子どもとは楽しく元気に会話できる，ということがあります。学校と家との違いが大きく，家では話せるのに，と心配になることと思います。また，時には学校で話さない様子があまりに頑なに見えて，どうしてよいかわからなくなることがあるかもしれません。本人は話したいし，表現したいと思っていますが，社会的場面で言葉を話すこと，表現することが不安で恥ずかしく，傷つくことを恐れて防衛的になっている場合があります。このように，特定の場面で話せない症状を「選択性緘黙（場面緘黙）」と言います。

　子どもは話すことに強い不安を抱えています。まずは話すことを目標とするのではなく，言葉ではない自発的な表現を大切にすることです。そして，不安に対処できる力を付けていきます。こうした状態が続くようであれば専門家へ相談することをお勧めします。早期に介入することが大切です。

### 心理の先生へのキーポイント

　「他の状況で話しているにも関わらず，特定の社会的状況において，話すことが一貫してできない」（DSM-5）状態を選択性緘黙と言います。小さい頃から自分を知っている人たちの間であれば，自由に話し，動き，会話することができるものの，社会的場面になると途端に話せなくなり，時には動きも不自由になることがあります。社会にデビューするにあたり，強い不安を感じ，自由な会話や行動が抑制されてしまうのです。

　選択性緘黙には色々な水準があり，言葉は話さないものの，遊べる，授業は聞ける，文字は書いている，表情が豊かなど，比較的行動や感情表現は自由にできていることもあれば，学校にいると座ったままあまり動かない，鉛筆を持てない，表情がなく無感動など，行動や感情が抑制されることもあり

ます。話さないことは自分の心を守る防衛でもありますし，社会的に失敗しないための手段かもしれません。緊張のあまり心も身体もひどく抑制，静止されているのかもしれません。このような症状の背景には強い不安があると考えます。関わり方としては，「話すこと」を目標とするのではなく，不安に対処する力，自己表現を育てることになります。

　また，選択制緘黙に似ている別の問題が隠れていることもあります。話す不安の背景に，発達的な問題はないのか，言葉の問題はないのか等，言語と発達面のアセスメントを進めておくことも大切です。学校で長らく言葉がない子どもに知能検査を実施したところ，言語面のみが著しく低い場合があります。言葉でのコミュニケーションがうまくいかないため，伝わりにくい場面では言葉を使わなくなります。言葉の問題は見逃さず，言語聴覚士などの言葉の専門家に相談する必要があります。その他，選択性緘黙の診断基準には「コミュニケーション症（例：小児期発症流暢症）ではうまく説明されず，また自閉スペクトラム症，統合失調症，または他の精神病性障害の経過中にのみ起こるものではない。」（DSM-5）という一文があります。話せない理由はさまざまです。背景にある問題を考え，適切に関わることが大切です。

　子どもが話し始めたときにも配慮が必要です。選択性緘黙の子どもは言葉を話せないことに強い劣等感をもっていることが多く，話したことで周りがびっくりしたり，はしゃいだりすることが，不安を強めてしまいます。家族や教員など周囲の人たちがあらかじめ相談し，自然に受け入れられるような準備をしておくのもよいでしょう。

　最後に，子どもは話せないのではなく，「話さない」ように感じてしまい，関わる側が無力感を感じることがあるように思います。関わる側も時に苦しい気持ちになります。そうした心のうちを家族や専門家と共有し，何が起こっているのかを考えていくとよいと思います。

**参考文献**

American Psychiatric Association（2013）．*Diagnostic and statistical manual of mental disorders*（5th ed.）．American Psychiatric Publishing Inc.（髙橋三郎・大野裕（監訳）（2014）．『DSM-5精神疾患の診断・統計マニュアル』医学書院）

## Q23　子どもが不登校になりました。どうしたらよいのでしょうか？

### A　保護者への回答例

　一口に不登校と言っても，その背景にある要因はさまざまです。いかなる場合であっても，不登校は，その子どもの気持ちのエネルギーが切れてしまった状態だといえます。不登校の原因を追及するより，気持ちのエネルギーを回復させることを優先しましょう。その第一段階は，一旦学校から離れて，心身ともに休息を取ることです。そうすることで，好きなことに対して楽しいと思えるようになってきます。さらにエネルギーが貯まってくると，次は自分がどうしたいのかについて考える余裕が出てきます。こういった回復へのステップが進んでいくのを焦らずに待つ必要があります。ただし，この期間に子どもの生活リズムが崩れないように注意しましょう。また，不登校の問題は保護者だけで抱え込まず，学校の先生やスクールカウンセラー（以下，SC）に相談しましょう。

### 心理の先生へのキーポイント

　不登校の子どもたちは，決して学校に行かないことを楽だと感じているわけではありません。むしろ，行かなければならないと常に考えながらも，学校に行けない後ろめたさを抱えながら生活しています。不登校はさまざまな要因が複雑に絡み合って起こることもあれば，明らかな要因がない場合もあります。保護者は心配のあまり，つい理由を追及してしまいがちです。しかし，本人ですらなぜ行けないのか，自分の気持ちをうまく説明できないことが多く，追及しても状況がよい方向に向かうことはありません。保護者からすれば，ある日，子どもから「学校に行きたくない」と言われると，唐突に聞こえるかもしれません。しかし，おそらく，そういった気持ちはもっと前から芽生えていて，それが限界を超えてどうしようもなくなって，行動に表れたと考えるべきでしょう。

　いかなる理由であれ，不登校は気持ちのエネルギーが充電切れを起こしているときに起こります。この気持ちのエネルギーを充電させるには，心身ともにリラックスして，ホッと安心できる体験をする以外にありません。まずは，学校を休んでよいことを保証したうえで，家で楽しく過ごせることを考えてもらいましょう。ゲームや音楽でも，本人の好きなことであれば何でも構いません。ただし，気持ちの充電期間には生活リズムが乱れがちになるので注意が必要です。朝，決まった時間に起きるようにして，リズムが崩れないように気を付ける必要があります。また，三度の食事や入浴も，生活にめりはりをつけるうえで重要です。それ以外のことは，この時期にできなかったとしても，大目に見て大丈夫だと保護者に伝えましょう。

　この充電期間中，教員から保護者に連絡をして，子どもが家では安心した時間を過ごせているのか，家でもまだ落ち着かない状態なのか，その状況をきちんと把握してもらいましょう。このとき，少し顔を見に行く程度の家庭訪問が有効な場合もあります。教員・SC・保護者と密に連携しながら進めていきましょう。また，自分の子どもが不登校になってしまうことで，保護者自身が孤独感を抱え込むこともよくあります。保護者が安心して元気に過ごせることが，子どものエネルギー充電には必要不可欠です。不登校であったとしても，学校とはつながっていることを保護者に実感してもらうために，コミュニケーションをとり続けるようにしましょう。すぐに解決策はなかったとしても，学校としての具体的な方針や対応策を示し，今後の見通しを伝えていくことで，保護者の安心につながります。

　子どものエネルギーが貯まってくると，次は自分がどうしたいのかについて考えることができるようになっていきます。できそうなことを少しずつ，一緒に相談しながら考えていきましょう。子どもの様子や変化，不登校の背景がわかるにつれ，学習支援や友達関係の環境調整，外部機関の利用など，より具体的な支援を考えていけるようになります。教員，SC，連携機関のスタッフが，チーム"学校"として一丸となって対応していくことが大切です。

## Q24　子どもがいじめにあって学校に行くのが怖いと言います。どうしたらよいのでしょうか？

###  保護者への回答例

　子どもが，自分が学校でいじめられて怖い思いをしていることを保護者に伝えるのは，とても勇気がいる行動です。子どもからいじめの話が出た際には，まずは話してくれたことを丁寧に聞くようにしましょう。そして，子どもに確認をとったうえで，教員やスクールカウンセラー（以下，SC）に連絡をしましょう。学校では，いじめ問題の可能性がある場合，関係職員からなるいじめ対策委員会が組織され，事実確認のうえ，サポート体制が作られます。このように，保護者と学校とがしっかりと信頼関係を結び，子どもを守るため，連携して対応することが大切です。

### 🔑 心理の先生へのキーポイント

　いじめ問題はとても大きな問題です。平成25年に「いじめ防止対策推進法」が施行され，担任だけで対処するのではなく，関係する学校職員（校長，教頭，生徒指導主事，学年主任，担任，養護教諭，SCなど）が連携して，「いじめは絶対に許されるものではない」という大原則の下，より厳しい対応が求められるようになりました。学校では，いじめ問題の情報がキャッチされると，関係職員からなるいじめ対策委員会が開催されます。そしてまずは各関係職員で役割を分担し，事実把握に迅速に取りかかることになります。同時に，SCを中心として，被害にあった子どもや保護者のカウンセリングが始まります。

　自分がいじめにあっていることは，高学年になればなるほど，言わなくなる傾向があります。それは，「親に心配かけたくない」という思いと同時に，自分自身が惨めな気持ちになるのが嫌で，いじめられているという事実を認めたくないことが影響しています。子どもからいじめの話が出た際，まずは

話してくれたことを丁寧に聞くことを保護者に勧めましょう。保護者は，子どもから話を聴くと，学校に行ったときにいじめられないようにするためのアドバイスを，ついしたくなります。しかし，アドバイスをすることよりも，子どもの心身を守るための大事な行動だと考え，学校とも相談し，校内の安心できる場所で過ごしたり，一旦は学校を休み，家で過ごすことを提案してもらいましょう。

　いじめという，自分自身を否定されるような経験をすると，相手に対する否定的な思いだけでなく，同時に「もしかすると自分も何か悪かったのではないか」といった考えが生じ，自己肯定感が低くなってしまっています。まずは，子どもが安心できる環境で，その訴えを丁寧に聞き，傷ついた気持ちを受け止めることが大切です。いじめを受けた子どもの心と身体を十分に労わり，自分は悪くないんだと肯定的に自分自身を見つめられるようなサポートを保護者とともに進めていきます。本人の気持ちが落ち着いてきたら，現在の状況をどうしたいのか，どんなことをサポートしてほしいのか，といったことについて考えていきます。具体的な問題の解決については，周囲の大人が主導して行うことになりますが，主体はあくまで子ども自身です。「子どもを置いてけぼりにしていないか」と常に意識するようにしましょう。

　被害を受けた子どもの保護者への対応には，十分な配慮が必要です。不安や心配で保護者もクタクタに疲れています。そういうときには，冷静に子どもの話を聞くこともできません。保護者がいじめ問題を抱え込んでしまわないよう，学校が全力で早期解決に向けて取り組んでいることを明確に伝えていきましょう。例えば，連絡事項を電話で済ませるのではなく，対面で連絡を密に行うなどの丁寧な対応をすることで，保護者自身が学校から守られていると感じ，安心感につながります。保護者自身に余裕が出てくることで，子ども自身にもよい影響が及ぶことはよくあります。

　「いじめはいかなる理由があっても許されない」という毅然とした態度で，各関係職員が連携をとりながら，組織的に対応していくことが重要です。

## Q25　子どもに落ち着きがなく，何をやっても集中できません。

### A　保護者への回答例

　なかなか一つのことをやり遂げられず，集中できない様子を見ていて，大切なことが身に付かないのではないかと不安になると思います。保護者としてはついつい注意することが多くなり，子どもはいつも怒られることで自信を失い，やる気をなくしてしまうかもしれません。大切なことは，子どもが自信を失うような関わりを減らし，うまくできる体験を増やすことです。

　落ち着かず，集中できない理由はさまざまです。どのような理由にしても，叱咤激励をするのではなく，子どもが自ら目の前のことに取り組めるように促す関わりが必要です。第一に，落ち着ける，集中しやすい環境を作ることから始めてみましょう。その場の目的を考え，余計な刺激を極力減らすとよいと思います。何をするか見通しをもてるように工夫すること，心の準備ができるようにすることも大切です。そのうえで子どもが集中できる時間に合わせた課題や日課に取り組むとよいと思います。目的を達成し，成功する経験を積み重ねることによって，次第に落ち着き，集中できる時間が長くなることが期待できます。

### 🔑　心理の先生へのキーポイント

　落ち着きがなく，集中が続かない背景には二つのことが考えられます。一つ目は心理的な要因，二つ目は発達的な要因です。

　一つ目の心理的な要因については，不安が考えられます。幼い頃は落ち着きなく集中力がないものですが，安心できる環境で充分な養育を受け，年齢相応のさまざまな体験をして成長していく中で，次第に落ち着き，物事に取り組む力が付いてきます。そうした環境がさまざまな理由で得られない，もしくは阻害され続けると，不安が強まり，落ち着きがなくなる場合があります。こうした場合には子どもの心を第一に考え，安心できるような空間と関

わりをもてるよう配慮します。

　不安感や精神的な問題が続く場合には，保護者と本人のカウンセリングを勧めます。心の問題を扱うには時間がかかるものです。適切な専門家に相談し，時間をかけてゆっくりと問題に取り組む必要があります。

　二つ目の発達的な要因については，不注意の傾向が考えられます。不注意がある一定以上ある場合は ADHD（注意欠如・多動性障害）という発達障害が考えられます。入って来た情報を整理・統合し，行動を計画し，状況を判断して対処する機能がうまく働かないとされています。ADHD をもつ子どもは，刺激の一つ一つに反応し，色々な情報が押し寄せてくる感覚の中で過ごしています。あふれる情報の中から，必要な情報を選び，まとめ上げることが不得意です。そのため注意が続かず，失敗を繰り返すことで，自信をなくしてしまうことが多いようです。注意の問題がある場合には，外から来る情報や刺激を少なくしてあげることが必要です。入って来る情報が制限されると目の前のことに集中しやすくなります。そのうえで，子どもが目標を達成しやすい手順を考えます。また，注意の配分の苦手さがあるため，一つのものに集中すると終わることがなかなかできない場合もあります。終わりの時間を予告する等，次の活動に移るまでにどれくらいの時間があるか分かるようにし，気持ちをコントロールできるように配慮します。注意の切り替えを自分自身でできるようになること，自分に合った環境で短時間でも集中して取り組み，必要な知識を積み重ね，自信を付けていくことが目標です。本人なりに落ち着き，じっくりと物事に関われるようになることが期待されます。

参考文献

American Psychiatric Association（2013）．*Diagnostic and statistical manual of mental disorders*（5th ed.）．American Psychiatric Publishing Inc.（高橋三郎・大野裕（監訳）（2014）．『DSM-5精神疾患の診断・統計マニュアル』医学書院）

## Q26　発達障害の診断を受けた子どもの放課後の過ごし方に困っています。どのような支援を受けることができますか？

### A　保護者への回答例

　一般に利用できる学童などの他に，発達障害の診断を受けた子どもたちが放課後や長期休業に利用できるサービスに放課後等デイサービスがあります。

　放課後等デイサービスは，スポーツに力を入れるところ，創作活動を大切にするところ，ソーシャルスキルを育てるプログラムをもつところなど施設によって特色があります。自治体で通所受給者証の申請について相談し，施設を複数紹介してもらったうえで見学し，家庭に合った形で利用しましょう。

###  心理の先生へのキーポイント

　「小1の壁」という言葉があるように，発達障害をもつ子どもの保護者だけではなく，多くの保護者にとって子どもの小学校入学は家庭に変化をもたらします。子どもが就学し生活が変わることで保護者の働き方に影響が出ることがあります。特に就学前に保育所や認定こども園を利用していた家庭にとっては，小学生となった子どもの生活をどうするかは切実な問題です。

　昔から，仕事等で保護者が在宅しない家庭の子どもたちは，放課後や長期休業日に学童保育を利用していました。2007年には，文部科学省と厚生労働省の共同事業として「放課後子どもプラン」が始まり，厚生労働省の「放課後児童クラブ」（いわゆる「学童保育」）の他に，すべての子どものための文部科学省による「放課後子供教室」が提供されるようになりました。2018年の「新・放課後子ども総合プラン」では，放課後子供教室は，子どもが自主性，社会性を身に付ける場所となりました。学習塾や習い事教室と提携した民間の学童保育も増えてきましたので，子どもと保護者は自分の選択で放課後の生活を整えることができるようになりました。

　発達障害の診断を受けた子どもや特別な支援を必要とする子どものための

サービスに「放課後等デイサービス」があります。放課後等デイサービスは，2012年に児童福祉法で定められた施設で，放課後や休業日に子どもの発達支援を行います。子どもの成長を支援することに加えて，保護者の子育ての悩みの相談にのってくれたり，保護者が子どもの育ちを支える力を支援してくれたり，保護者のためにケアを一時的に代行してくれたりといった保護者の支援も行っています。令和３年の『社会福祉施設等調査の概況』（厚生労働省，2021）によると，放課後等デイサービスは全国で１万７千カ所以上，約43万人が利用しています。

　放課後等デイサービスでは，それぞれの子どもの発達過程や障害種別，障害特性，適応行動と個別の課題を把握したうえで個別支援計画に沿った支援が行われます。学校の教育支援計画との連携により，遊びを通して子どもの基本的日常生活動作や自立生活を支援する活動を行ったり，創作活動を楽しんだり，地域との交流の機会を提供したり，余暇を提供したりします。

　このサービスは，原則的には，小学校から高等学校に就学している障害児が利用します。例えば，障害者手帳や療育手帳等をもつ子ども，発達障害について医師の診断書を取得した子どもが利用します。利用料金は自治体発行の受給者証を利用すると１割負担となりますので，１日に1,000円程度です。世帯の所得に応じますが，利用料の月額上限額も決まっています。

　運動プログラムに力を入れている施設，音楽プログラムや創作活動に力をいれている施設，ソーシャルスキルを身に付けるプログラムに力を入れている施設，学校までの送迎サービスを備える施設など，施設によって特色が異なります。子どもの状況や家庭環境によって受給者証で利用できる回数が設定されていますが，複数施設を利用することに制限はないので，曜日によって施設を使い分ける家庭もあります。事前に見学と相談を行い，子どもと保護者の要望に合った施設を選択することがよいでしょう。

参考文献
厚生労働省（2021）.『社会福祉施設等調査の概況』

## Q27　子どもが反抗的で口答えばかりしています。どうしたらよいでしょうか。

### A　保護者への回答例

　何を言っても子どもが反発して口答えするようだと，保護者は腹立たしくなることでしょう。どのように言ったら通じるのか，悲しくなり，途方に暮れてしまうかもしれません。

　保護者以外の人との間では問題が生じていないのでしたら，子どもは保護者に反抗することが目的になっているかもしれません。保護者との安定した関係ができているからこそ，子どもは反抗して自分らしさを見つけていくことができます。腹立ちから距離を置いて，子どもの口答えは健全な発達過程の表れと捉えてはいかがでしょうか。

### 🔑　心理の先生へのキーポイント

　健全な子どもの心の発達過程に，第一次反抗期と第二次反抗期があります。3歳前後にみられる第一次反抗期では，子どもは「いや」と言って反発して自分の意思を主張します。子どもが成長して自分の力で試みようとする意思の表れであり，自我の芽生えを示しています。小学校低学年までは，自分の意思を表出する力がある子どもと考えて，適切な表現を伝えていくとよいでしょう。第二次反抗期は，思春期にみられます。小学校高学年の前思春期になると，抽象的な思考が発達すると同時に，子どもにとっては，家族や先生との関係よりも友達との関係が大きな意味をもつようになります。育ってきた家庭以外の世界を知り，大人びた言葉を使って批判的なことを言ってみたり，わざと乱暴な言葉で大人に言い返したりするようになります。

　中学生になると，子どもは第二次性徴に伴う身体の変化に向き合います。身体の変化とともに心も変化して衝動がたかまり，怒りやすくなったり，黙って部屋にこもったり，保護者を遠ざけたりするようになります。この時期に，

暴力的になる子どもや，自分の身体に意識が向いて過度なダイエットをする子，精神的な悩みをもつ子がいます。高校生になると，自分はどのように生きたいか，自分とは何かについて悩み，進路を考えつつ自分なりの答えを出していきます。アイデンティティをもち，なりたい自分が定まって，その目標に向かって努力することができるようになると，反抗期は収まります。

　第二次反抗期で，子どもが安心してぶつかることのできる身近な大人は，保護者や教員です。かわいかった子どもが成長して反抗するようになるのを見ると，思春期の大変さを知っていても保護者はつらい気持ちになります。しかし子どもの視点から見ると，接点のない他人ではなく，愛情をかけてくれた存在だからこそ反抗ができるのです。保護者には，腹立ちは当然の気持ちであること，しかし思春期の反抗期は一過性のもので大人になるために大切な時期であること，保護者との愛情に満ちた関係が土台にあるからこそ子どもが反抗できていることを伝え，保護者が反抗を前向きに捉えられるよう応援しましょう。

　ここまでは健康な心の発達について説明をしましたが，まれに，反抗挑戦性障害（反抗挑発症）という障害がある子どもがいます。反抗挑戦性障害は，怒りっぽく挑発的で，否定や敵意に満ちた反抗的な行動が特徴で，ネグレクトの家庭で育った人に多くみられる障害です。ADHD（注意欠如・多動性障害）をもつ子どもの中にも，家庭や学校で繰り返される否定的な体験により，子どもの自己評価が低下した結果として反抗挑戦性障害を生じる者がいると考えられています（吉益・山下・清原・宮下，2006）。この障害が疑われるような激しい反抗が続く場合には，スクールカウンセラー（SC）などとも連携し，医療機関の受診を保護者に促しましょう。子どもの行動と保護者の行動を変容する，ペアレント・トレーニングなどの取り組みが治療の中で行われることとなります。

参考文献
吉益光一・山下洋・清原千香子・宮下和久（2006）．「注意欠陥多動性障害の疫学，治療と予防」『日本公衆衛生雑誌』53，398-410.

**Q28** 子どもが親に嘘ばかりつきます。

 **保護者への回答例**

　大切に育ててきた子どもが嘘をつくようになると，驚いて，悲しい気持ちになることと思います。嘘が続くと，子どもを叱りつけることが増えたり，どのように子どもに言い聞かせたらよいのか分からず保護者としての自信を失ったりするかもしれません。

　嘘は，認知的に成長して初めて可能となる，相手を必要とする行為です。保護者自身の腹立ちや悲しみを少し横に置いて，まずは子どもの嘘をよく観察してみましょう。ひょっとすると，嘘をつくという行動の背後に，周りの人たちへの期待が隠れているかもしれません。

🔑 **心理の先生へのキーポイント**

　子どもが嘘をつくという悩みは，いつの時代でも生じる世界共通の悩みで，心理学分野でも多くの研究が行われています。

　林（2013）によると，子どもが嘘をつけるようになるためには，認知機能の発達が必要とされます。3〜4歳の子どもがつく嘘は，罰を避けようとして事実と違う発言をするタイプの嘘です。4〜6歳の子どもの嘘は意図的な嘘で，相手がどう考えるかを想像して，事実とは違う考えを相手に抱かせる嘘です。この段階の嘘には，他者の心の働きを推測する，「心の理論」の発達が必要とされます。7〜8歳以降の子どもは，洗練された一貫性のある嘘や他者への気遣いによる嘘をつくことができます。嘘をつくという目標に向けて行動を制御する実行機能が育っていないと，この段階には至りません。つまり，嘘をつく子どもは認知機能が発達した状態にあるともいえます。そのため，一過性の小さな嘘，見過ごしてもよいような嘘について保護者が心配しているようならば，嘘をつく行為は子どもの認知的成長の表れであること，心配しなくてもよいことを説明すればよいでしょう。

　子どもの嘘が習慣化している場合や，嘘をつくことで人間関係に困難が生じている場合には，対応を考えることになります。嘘をつくには，動機と，相手が必要です。まずは，どのような状況で子どもが嘘をついているか，嘘をついたときに周りはどう対応しているかを保護者と整理しましょう。子どもはどこで，誰に対して嘘をつくのでしょうか。嘘を見つけたとき，保護者や教員はどのように対応しているでしょうか。嘘をつく状況と，嘘をついた子どもへの対応について，保護者とともに整理しパターンに分けて考えます。

　嘘を整理すると，嘘をつく動機が見つかるかもしれません。例えば，子どもが寂しい気持ちや不安な気持ちになると，保護者の関心を得るために嘘をつくのかもしれません。劣等感を感じることが苦手で，誇大的な嘘をついているのかもしれません。あるいは，友達や誰かをかばうために嘘をついてしまうのかもしれません。嘘が表れやすい状況が整理されたら，嘘に対して周りの人たちがどのような対応をしているかという観点から，行動を変えるための作戦を考えます。例えば，嘘を見つけた保護者が驚いて叱りつけるといった対応を繰り返している場合，注目してほしい子どもにとっては，狙い通りに報酬をもらう結果となります。このような場合，嘘ではない行動で子どもが注目を得られるよう，周囲の人の対応を含めて変えていく必要があります。

　最後に，嘘をつくことは子どもの行為の一部であって，子どもの性格ではないことを，保護者も教員も理解しておく必要があります。嘘の原因を性格に求めて，「嘘つきの子ども」というレッテルを貼ってしまうと，かえって子どもは嘘を手放せなくなる可能性があります。子どもが嘘とは異なる行動を身に付けられるよう，保護者と協力して考えていきましょう。

参考文献
林創（2013）．「嘘の発達」村井潤一郎（編）『嘘の心理学』ナカニシヤ出版

## Q29　子どもが保護者から離れることができず，いつもついてきてほしがります。

 **保護者への回答例**

　子どもが外の世界を怖く感じていること，そのため保護者だけが唯一の安心できる場所となっていることが考えられます。なかなか自分から離れない子どもに対してイライラが募り，無理やり突き放したくなるかもしれません。しかし，そのような対応は子どもをさらに不安な状況に追いやることになり，ますます保護者から離れられなくなってしまう可能性があります。そのため，まずは子どもの話に耳を傾け，「不安だよね」「怖かったね」と気持ちに寄り添い，不安な気持ちを受け止めてあげましょう。そのうえで「大丈夫だよ」「やってごらん」と外の世界へ踏み出すための背中を押してあげましょう。

### 🔑 心理の先生へのキーポイント

　保護者から離れられないということは，もともと刺激に敏感な子どもである，引っ越しや入園・入学など生活に変化があった，弟や妹が生まれた，といった子ども自身の特性や環境の変化から生じる“不安”が影響していると思われます。何か思いもよらないことが起きるのではないかという不安，見慣れない場所，人々の中に入っていく不安，きょうだいに目が向けられ自分が見捨てられるのではないかという不安。もしかしたら，この間テレビで見た強くて大きな怪獣が襲ってくるかもしれないという不安を抱いているかもしれません。子どもによってその不安の内容や質はさまざまだと思いますが，それだけ現実世界に対して怖いと感じているのだと思います。子どもは幼ければ幼いほど言語能力が未熟のため，自分が感じていることや思っていることを口に出せなかったり，うまく説明できなかったりします。そのため，子どもの気持ちは行動として表されることが多いのです。つまり，今回の場合は，保護者にべったりくっつくことで外の世界に対する何かしらの不安を訴

えていると考えることができるでしょう。

　そのため，保護者には，まずは子どもの不安をこちらから聞いたり，「○○が怖かったんだね」と言葉で伝えたりして，不安の整理を手伝ってあげるように伝えましょう。そうすることで，子どもは，自分はこう思っていたんだ，これが怖かったんだという理解につながり気持ちが楽になります。このとき，たとえ保護者が子どもの不安の理解を間違っていても問題ありません。保護者が一生懸命自分のことを考えてくれた，理解しようと努めてくれたという体験そのものが子どもを豊かにしてくれるでしょう。

　しかし，このように保護者が子どもの不安に寄り添い，受け止めるだけでは，子どもは不安を感じたら受け止めてくれると依存してしまう可能性が考えられます。ですから，保護者は，不安を受け止めたうえで子どもが不安を乗り越えていけるよう背中を押すことも必要です。この世で一番安心し，信頼できる保護者からの「大丈夫」は子どもにとって大変心強い言葉となるでしょう。ぜひ外の世界へ踏み出す勇気を与えてあげるよう，保護者に伝えてみてください。

　もともと不安が強い子どもであったり，あまりにも長い間解消されなかったりすると，次第に保護者の負担も大きくなってしまうかと思います。また，保護者も，毎回十分な対応ができるかというと，現実的に厳しいことも多いと思います。その場合は，子どもに保護者の代わりとなるもの，例えばタオルケットやお人形などを渡してみることを提案してみてはいかがでしょうか。また，子どもを信頼できる人や場所に預けたり，学童保育を利用したりして，保護者に積極的に心身を休めるよう心がけてもらうことも大切です。

**Q30**　子どものことをかわいいと思えず，つい強くあたってしまいます。

 **保護者への回答例**

　本当はやめたいと思っているのにやめられない罪悪感や，周りの保護者と比べ自分はだめな保護者だという劣等感に苛まれ，つらく苦しい思いをしているのではないかと思います。また，こういった悩みは周りの人に相談しづらく一人で抱えている方もいらっしゃるのではないでしょうか。しかし，今の状態が続くことは負のループから抜け出せず苦しみ続けることになりますし，加えて子どもの成長を妨げることにもつながりかねません。正直に伝えることは勇気のいることだと思いますが，子ども，そしてご自身を守るためにも一度行政機関や地域の相談機関に相談してみてください。きっと力になってくれると思います。

**心理の先生へのキーポイント**

　子どもをかわいく思えない，その背景には，子どもを見ると自分が子ども時代に受けたつらい出来事を思い出してしまう，子どもが自分のような人生を歩まないよう教育するのに思うように動いてくれないなど，何かしら自分と子どもを重ねてしまっていることが考えられます。おそらく，保護者自身が子どもの頃に苦しかったこと，悲しかったこと，受け入れられなかったことなど，つらい体験をたくさん重ねてきたのでしょう。ですから，初めからそのような対応を否定したり，やめるよう強制したりするのではなく，まずは勇気をもって話してくれたことを労い，保護者の気持ちに寄り添うことが大切です。

　また，子どもに強くあたるということは，場合によって心理的虐待に該当する可能性があります。心理的虐待とは「児童に対する著しい暴言又は著しく拒絶的な態度」（厚生労働省，2013）などが挙げられ，子どもの情緒発

達の妨げや自尊心の低下につながるだけでなく，子どもが子どもらしく生きる権利を奪いかねません。保護者の気持ちを尊重することも大切ですが，子どもが適切な養育を受けられるためにも早急に支援の手を差し伸べることが必要です。

　支援機関には，役所や児童相談所といった行政機関や地域の相談センターなどがあります。このような支援機関へ相談するにはハードルが高く，自分が責められるのではないか，すぐに子どもが保護されてしまうのではないかと不安を抱えている保護者は少なくありません。このような考えから，なかなか支援を受けられないために言動がエスカレートしてしまい，問題がより複雑化してしまうことも考えられます。また，子どもをかわいく思えないという問題は，保護者の子ども時代の根深い傷つきが影響していると思われるため，自力で解決することは難しいでしょう。そのため，上記のような支援機関を頼り，うまくサポートを活用してもらうためにも，信頼関係の構築を始め丁寧に関わっていくことを忘れてはいけません。

　保護者自身の問題は，先程も述べたように簡単に解決する問題ではありません。強くあたるという行動に表れてしまっている場合はなおさらでしょう。根本的な問題に触れないと，今後の人生においても苦しみに囚われながら生きていかなければならなくなってしまいます。そのため，自分自身を振り返り，整理し，受け入れるためにも医療機関の受診，カウンセリングを受けることを勧めます。そうすることで子どもと自分を切り離して考えられるようになり，子どもに対して愛情を抱くことにつながるのではと思います。

参考文献
厚生労働省雇用均等・児童家庭局総務課（2013）．『子ども虐待対応の手引き（平成25
　　年8月改正版）』

## Q31　子どもが学校で嫌なことをされていないか不安でたまりません。

 **保護者への回答例**

　学校での子どもの様子は保護者に分かりにくいものだと思います。子どもが学校で嫌な思いをしていないか，楽しく過ごすことができているか，保護者としては気になることでしょう。家庭で学校のことをあまり話さない子どもであればなおさらだと思います。

　保護者を頼って何でも話していた小さな子どもも，成長すると自分の世界をもつようになり，保護者の代わりに友達と心のうちを話して支え合うようになります。楽しそうに学校に行っているようでしたら，子どもは順調に成長して自分の世界を広げている段階にいます。相談に来たときはしっかり聴き，普段は子どもの応援役として見守りましょう。

### 🔑 心理の先生へのキーポイント

　学校に関係する事件が連日のようにニュースで報道をされています。子どもが学校で嫌な思いをしていないか，教員や友達と楽しく過ごすことができているか，保護者は気にしています。

　子どもは思春期，成人期に向かって，保護者から徐々に離れて自立していきます。幼児期は何でも保護者に伝えていた子どもが，保護者ではなく仲のよい友達に話すようになったり，自分の中だけで大切にとどめたりして，保護者に心のうちを話すことが少なくなるのは自然なことです。報道を見て子どもが我慢していないか心配になる保護者もいるでしょうが，楽しんで学校に行っているのであれば，子どもが成長して自分の世界を広げるようになってきたこととして前向きに捉えるよう，保護者を力づけるのがよいでしょう。

　多くの保護者が心配になるのは，子どもの環境が変わる時期です。例えば，学校に入学したとき，転校したとき，クラス替えがあったときなどに，子ど

もは新しい環境で適応していけるか不安を感じます。新しい環境に慣れるためにエネルギーを出し切って疲れた子どもを見ると，保護者も不安が高まることがあります。子どもが新しい環境に慣れて楽しんでいる様子を見ると，保護者の不安は徐々に減じていきます。

　一方で，常に不安が強い保護者もいます。先回りして子どもが苦労しないよう整えたり，偶然の怪我や人間関係の行き違いなどを心配したりする保護者です。このような保護者は，保護者自身が自分の不安を抱えられないという精神面の課題をもっていることを想定しながら，支持的かつ一貫した方針で接する必要があります。子どもが嫌な思いをしているかもしれないという保護者の不安は，根拠がない場合は肯定も否定もしないようにします。話を深く聴くとかえって不安が増幅される場合もあるので，訴えを尊重しつつ，聴きすぎないようにします。

　保護者の不安が高じて子どもを学校に行かせられなくなっている場合は問題が大きくなります。子どもが離れていくことを恐れる保護者の中には，「子どもが学校に行くのを不安がっているから」と子どもの気持ちを代弁するかのような言葉で，子どもを学校に行かせない保護者がいます。保護者が「子どもが学校に行くのは不安だから」と繰り返すのを聞くと，子どもは保護者に合わせて学校に行きたがらなくなり，結果としてその時期に身に付けるべき学びが遅れていきます。この場合も，保護者の言葉は否定せず，学校に行って学ぶことが子どもにとって大きな成長体験になること，子どものためを思って送り出せることは素晴らしいことを伝えて，学校に行かせる保護者自身を誇らしい存在と思えるように支持していきましょう。そして養護教諭やスクールカウンセラー（SC）などが子どもの身体と心のサポートをしてくれることも伝え，チーム学校で関わりましょう。

**Q32** 子どものきょうだいに障害があり，手がかかるためになかなか子どもの相手ができません。

 保護者への回答例

　障害のある子どもへの対応や日々の暮らしに忙しく，毎日を過ごすことで精いっぱいなことと思います。いつも気になっていても，なかなか時間を作れず，時が過ぎていくのだと思います。まずは，保護者自身が少しでも心と時間の余裕をもてることが大切です。夫婦で話し合い協力すること，そして，可能な限りの社会的資源を使うこと，また家族にとどまらず祖父母や親戚等，関わってくれる人々に積極的に頼ることが大切です。完璧を目指したくなりますが，ほどほどで充分です。そのうえで，きょうだいである子どもとだけの特別な時間がもてるとよいと思います。自分だけの特別な時間が用意されていることは「自分は愛されている，大事にされている」という安心感，信頼感を育てます。母親と子ども，父親と子ども，また時には父母と子どもとで過ごす時間を意識してもつとよいと思います。そのためには，1週間に30分でも，1日に15分でも，自分だけと思える特別な時間を設けることが大切です。また，好きなことや習い事に付き合う時間を設けるのもよいと思います。

　このような時間をもつことは，障害のあるきょうだい（以下，きょうだい）がいることで感じている寂しさやプレッシャー，怒りや悲しみ等，色々な気持ちを気兼ねなく語る機会にもなります。保護者に自分の気持ちを話すことで，きょうだいと自然に過ごし，自分自身も大切にされていると感じることができるようになると思います。

🔑 心理の先生へのキーポイント

　きょうだいがどのような障害なのか，どれくらいのお世話が必要なのか，また，兄姉なのか，弟妹なのか，2人兄弟なのか5人兄弟なのか等によって

も違いますし，性格にもよりますので，一概には言えませんが，障害のある
きょうだいをもつ子どもは色々な思いを抱えることが多いようです。

　障害のあるきょうだいをもつ子どもは，親の顔色をうかがうことが上手で
す。いつも大変そうな親を心配し，自分が何をしたら笑ってくれるのか，イ
ライラしないでいてくれるのかと考えています。自然に我慢し，譲ります。
きょうだいの世話を率先して行い，まるで小さいお母さん，お父さんのように
なることもあります。小さい頃にはきょうだいの世話をすることで親に認
められる喜びを感じる時期もありますが，次第にきょうだいの面倒を見，譲
り，我慢して褒めてもらえることに寂しさや満たされなさを感じるかもしれ
ません。大人になってから親への気持ちを聴くと，「一番に愛されたことが
ない。いつも二番手だった」「兄弟の面倒を見るのが当然と思われている気
がする」「両親が大変な事がわかるので小さい頃から我慢してきた」「ある年
齢になったところで兄弟姉妹のことが恥ずかしくなり，友達に隠していた」
等と語ることがあります。大人になってやっと当時の気持ちが語れるのです。

　子どもが大きくなる中で，きょうだいへのさまざまな葛藤が起こることが
予想されます。小さい頃は普通に受け入れていたものが，周りの人がきょう
だいを見る見方に傷つくことがあるかもしれません。かんしゃくを起して自
分を通そうとするきょうだいの態度に理不尽を感じ，怒りを抱えるかもしれ
ません。自分であれば許されないことをきょうだいには許す親の態度に不満
を感じることもあります。なぜ，きょうだいがそう振る舞うのか，自分には
許さないことをきょうだいには許すのか等，理解できないことはとても苦し
いことです。子どもの年齢に合わせた言葉を使って，きょうだいの障害につ
いて丁寧に教えることも必要です。大人になる中できょうだいに愛情だけで
なく，嫉妬や怒り，恥ずかしさ等，ネガティブな感情をもつことはよくある
ことですし，あってもよいことです。そうした感情を抱え葛藤している気持
ちを否定するのではなく聞いていく時間も，親子のとても大切なひと時にな
るでしょう。

## Q33　保護者である自分に病気があり，子どもの世話をするのがつらくてたまりません。

 保護者への回答例

　身体や心に病気を抱えながら子どもを育てることに，とても大変な思いをされていることが伝わってきます。自分の病気と向き合い，子どもを育てていることは本当に大変なことだと思います。助けが欲しい気持ちを行動に結びつけるのも勇気が必要だったと思います。ご自身をまず誇りに思い，自分で自分を褒めてあげましょう。

　子どもの世話は，思うようにならないことも多く，肉体的にも精神的にも負担が大きい仕事です。自分が疲れたと思ったとき，うまくいかないと思うときにはサポートを活用しましょう。保護者である自分に合ったサポートを見つけ，頼り上手になれば，うまくリフレッシュをすることができます。ご自身の病気に負担とならないようなかたちで，サポートを利用しながら，子どもの世話を楽しんでいけるようにしましょう。

### 🗝 心理の先生へのキーポイント

　身体の病気にせよ，精神的な障害にせよ，病気を抱える保護者が子育てをするのは大変なことです。子育ては，健康な保護者にとっても大変な仕事であることを伝えて，まずは保護者の努力と苦労に寄り添いましょう。また，保護者が自分のつらい状況を自覚し，自分では抱えるのが難しい状態と捉えることができて，自分から専門家の援助を求めることができたことも大切に扱います。援助を求めることができるという能力は，この先に保護者や子どもが出会う困難を乗り越えるうえで大きな力になります。

　病気があって子どもの世話がつらいという保護者には，大きく分けて三つのタイプが考えられるでしょう。一つは保護者としての理想が高いタイプです。客観的に見ると，病気を抱えている状況でよく頑張っているにも関わら

ず，保護者自身は自分を肯定できずに気持ちがつらくなっている場合です。訴える気持ちの底には，自分が病気であることで子どもに迷惑をかけているのではないかと自分を責め，誰かにその気持ちを聞いてもらって支えてほしいと感じている可能性があります。このような場合には，ゆっくりと話を聴き，できていることを一緒に確認して安心してもらいましょう。

　もう一つは，保護者の病気が重く日常生活も難しく，子どもを世話することが現実的に困難な場合です。このような場合には，保護者の苦悩に寄り添いながら，保護者のために子育てを代行してもらえる資源を探します。学童などの子どもを預けることのできる場所は最大限に活用し，他にもファミリーサポートのような助け合いのシステムを利用する，自治体によっては日常生活を支援する事業を行っている場合もあるのでそれを提案することもできます。もちろん，保護者が安心して頼れるのであれば，保護者自身の親や親戚，友達を頼ることも大切です。このような手段を提案しつつ，保護者にとってよい方法を一緒に組み立て，保護者が頼ることを肯定的に捉えられるよう援助します。

　最後の一つは，病気であることを理由に，子育てを放棄したいという気持ちを訴えている場合です。特に精神的な障害を抱えている保護者は，自分のことだけで余裕がなく，子どもの面倒を見ることが難しいことが少なくありません。このタイプの保護者の場合，決して保護者を責めることはしません。責めてしまうと保護者が委縮し，専門家に援助を求めることを差し控えるようになり，結果的に子どもの安全がおびやかされることもあります。この場合も，現実的な支援の方法は病気が重い保護者の場合と同様に案内しつつ，そのうえで保護者自身が苦悩していることを大切に受け止め，相談できる安全な場所がある方がよいことを説明し，保護者自身のカウンセリングを勧めます。

## 3　担任の先生から保護者に伝える

**Q34**　普通学級で授業を受けている子どもの学習の遅れが気になります。保護者にどうやって話をしたらよいでしょうか？

### Ａ　担任への回答例

　まずは日々の授業が子どもたちに分かりやすい授業になっているか振り返りをしましょう。そのうえで，家庭での学習の様子を聞くなど保護者との連携，情報の共有に努めていきましょう。

　授業の振り返りでは，授業の構成や発問・板書の工夫を確認したり，子どものノートを確認したりすることが挙げられます。授業でどのような教材・教具を使っているのか，学習の遅れが気になる子どもへの関わり方等，同僚に相談をしてみるのもよいでしょう。多くのヒントが得られると思います。保護者とは日々の宿題の取り組み状況を確認してみましょう。その中で保護者の要望があれば真摯に耳を傾け，分量や内容の調整など学級としてできること，家庭で取り組めることを話し合えるとよいと思います。

### 🔑　学校の先生へのキーポイント

　例えば発問は「短く的確」に，板書は「スッキリ」を意識すると，子どもは理解しやすくなります。黒板などに余計な掲示物をなくし，見てほしい場所に注意が向きやすくすることも効果的です。指示の数も少なく厳選して的確に伝えると混乱する子どもは少なくなります。特に発達障害の子どもは，指示の多さや次の活動への見通しのもてなさから不安になり，パニックを起こすことがあります。低学年の子どもの場合は，普段の授業を通して，「見る」「聞く」のような学びに向かう力を高めていくことも大切です。まずは授業の中で改善できる点を振り返ってみてください。学習の計画を立て，実行し，その結果を評価し，改善するPDCAサイクルの中で，教材・教具やワークシー

トの改善，発問や板書計画，教員の動き等を確認し，今後の授業に生かして
いきましょう。

　授業を改善しても変化のない場合，家庭と連携をとることを考えます。学
習の遅れについて，学校と家庭で共有できる話題の一つに家庭学習がありま
す。児童の家庭学習への取り組み時間や課題への向き合い方について，保護
者から話を聞く機会をもちます。子どもが低学年であれば保護者が家庭学習
に関わることが多いので，学校と保護者の情報を交換しやすいと思います。

　さて，保護者が家庭学習を見ていて気になる点はどんなところでしょうか。
子どもが宿題をしたがらない，進んで取りかかろうとしない，家庭学習の話
になるとイライラする，保護者自身もどのように教えたらよいか分からない，
子どもに対して感情的になってしまう等が挙げられます。保護者の困り感を
聴くことは授業改善のチャンスです。まずは保護者の困り感に寄り添い家庭
学習の際のポイントなども伝えたうえで，学校での様子も伝えていけると
よいと思います。その際，家庭で協力してほしいことばかりを伝えたり，担
任の困り感を押し付けたりすると，かえって保護者を追い詰めてしまいます。
互いに子どもの成長を見守るスタンスを大切に話し合っていきましょう。

　この段階で，発達面の遅れを指摘したり特別支援学級を勧めたりすること
は避けましょう。保護者から話が出た場合はスクールカウンセラー（SC）
につなげたり，要望があれば特別支援学級の様子を見学してもらったりする
ことは考えられます。保護者の意向に沿った支援ができるよう両者の連携に
努めてください。

　授業改善と保護者との情報共有の面からまとめました。教員にできること
と，保護者の協力があってできることがあります。保護者に話すときは，で
きるようになったこと，頑張っていることも伝えると教員が自分の子どもの
ことを理解していることが伝わります。「先生とお話ができて良かったな」「学
童から帰ってきたらたくさん褒めてあげたいな」と思ってもらえる下地が整
えば，保護者と建設的な話し合いができるようになると思います。

**Q35** 授業中に歩き回ってしまい落ち着いて授業を受けることができていない子どものことを，保護者にどのように伝えたらよいでしょうか？

## A 担任への回答例

まず，子どもが，どのような場面でどのような行動をするのかを把握しましょう。例えば，国語算数などの特定の教科で多いのか，教科全般で落ち着かない行動が目立つのか。集団で受ける授業で立ち歩きが増えるのか，少人数のグループ活動でも落ち着かないのか。曜日，時間帯によって子どもの様子に変化はないか，学校での子どもの様子をしっかりと把握したうえで保護者と関わりましょう。

保護者面談などで保護者と話す機会があれば，家庭での様子についても聞いてみましょう。家庭での様子と学校での様子を共有しながら，保護者とともに，子どもにとってよい方法を考えてみましょう。

## 学校の先生へのキーポイント

授業中に歩き回る子どもがいると，教員は非常に気になると思います。子ども本人が授業にちゃんと参加できるように，クラスの他の子どもたちが集中できるようにとの思いが大きくなり，つい，歩き回る行動ばかりが目に入るようになって子どもへの注意が増えてしまうかもしれません。

授業中に落ち着かない子どもがいる場合，まずは，子どもの様子をよく観察することが大切です。子どもはどのような場面で落ち着きがなくなるのでしょうか。例えば算数の文章問題になると鉛筆を持つ手が止まって他のことを始めてしまう，グループでの学習になると参加したがらない，あるいは自分の考えを発表しなければならないときに離席してしまうなど，状況によって子どもの立ち歩き行動に差があるかもしれません。国語算数では立ち歩きは多いのに，図工や体育の時間は生き生きして集中できる子どももいます。

　また，曜日や時間帯によっても，子どもの集中力に差がみられることもあります。週の後半になると疲労がたまって落ち着いて座ることが難しくなる子どももいますし，反対に，週末の楽しさと興奮の余韻のために月曜日はソワソワして勉強に集中できない子どももいます。時間帯によっても，午前中の早い時間は集中しているけれども，昼近くなると離席が増えるといった子もいるでしょう。このように，子どもがどのような場面でどのような行動をするのか把握し，整理をしましょう。

　席替えや班替えは，子どもの集中を高めるために教員が取り組むことのできる手段の一つです。例えば窓際で外の体育の様子が目に入るために自分も動きたくなってしまう子どもや，友達に囲まれる座席だと落ち着かなくなる子どもの場合は，集中が持続しやすい席になるよう配慮をするとよいでしょう。集中しやすい時間に座学の教育を行うように，時間割を工夫することも考えられます。

　保護者に話をする際には，すぐに子どもの行動のことを伝えるのではなく，まず，家庭での様子を聞いてみましょう。家庭でも突発的な行動や落ち着かない行動があり，保護者も困っているかもしれません。あるいは，家庭ではよい子で頑張っている反面，学校でブレーキがきかなくなり動き回っていることが分かるかもしれません。家庭での子どもの様子を理解しながら，教員からは授業の中でどんな行動をするのか分かりやすく伝えるようにしましょう。どのような場面でどのような行動が目立つのか，きちんと活動している場面も含めて具体的に説明しましょう。

　そのうえで，学校でできる取り組みを保護者とともに考えていきます。子どもとの関わりが上手な保護者であれば，子どもが動き回ってしまう際の効果的な対応策をもっているかもしれません。

## Q36　忘れ物の多さが目立つ子どものことを，保護者にどのように伝えたらよいでしょうか？

### Ａ　担任への回答例

　授業に必要な物を忘れる，保護者の確認が必要な提出物を忘れるといった子どもの忘れ物は，教員が頭を悩ますことの一つだと思います。

　まずは持ち物や予定について，子どもと保護者に分かりやすく伝えられているかを確認しましょう。小学校低学年の場合は，準備してほしいこと，保護者に手伝ってもらいたいことを最初に説明し，日数に余裕をもって持ち物を連絡するようにしましょう。

　そのうえで，子どもの性格や特性のために忘れ物が多いようであれば，他に困ったことがないか注意して見守り，保護者と連携するようにしましょう。

### 🔑　学校の先生へのキーポイント

　忘れ物は教員が頭を悩ますことの一つです。いつも同じ子どもが忘れ物をすると，またあの子か，あの家庭かという気持ちになってしまうかもしれません。ですが，子どもや家庭に原因を帰す前に，まずは学校側でできる工夫を考えてみましょう。

　学校種や学年が変わるとき，特に小学校に入学した最初の学年は，子どもも保護者も学校に慣れることで必死です。持ち物の準備は，入学前に子どもが育ってきた幼稚園・保育園・認定こども園の方針によって異なります。例えば，家庭で持ち物を揃えて送り出すことが当然とされる園に子どもが通った保護者は，園の予定表を確認して保護者が持ち物を準備することが習慣となっています。仕事をもつ保護者の負担軽減のために，個人に必要な物品を含めてすべてを用意をしてくれる園で育った場合は，持ち物の準備を求められること自体が保護者には想定外です。保護者が暗黙にもつ，子どもの準備をサポートする感覚は大きく異なります。担任になったら最初に，何を保護

者にサポートしてもらい，何を子どもにまかせてもらいたいか，学級通信の
予定表はどこを見たらよいかを保護者と子どもに説明し，学級のルールを確
認しましょう。特に小学校低学年の場合には，子どもは保護者のサポートが
必要な発達段階です。保護者に子どもと一緒に準備するための時間を確保し
てほしいこと，準備が習慣化すれば徐々に子どもだけで準備できるようにな
ることをあわせて伝えます。

　教員は，保護者が準備を手伝えるように，持ち物と予定を伝えます。土日
に働く保護者，夜勤がある保護者もいますので，直前の連絡は避けます。新
しい持ち物や行事で使うものなどは学年の初めや学期の初めに予告をし，使
う日が近くなったら二回目の連絡をするとよいでしょう。

　学校側からの連絡が明確で，ほとんどの子どもに忘れ物は見られないのに，
特定の子どもだけが忘れ物を繰り返している場合は，子どもの性格や発達特
性が影響している可能性があります。学習の様子，友達との関わりなど他
の場面も注意して見ていると，話しているときに違う場所を見ていたり，聴
いているようでぼーっとしていたりする様子が見られるかもしれません。不
注意型の ADHD（注意欠如・多動性障害）の子どもですと，さまざまな場
面で抜けていてぼーっとしている感じが多く観察されます。その場合は，特
性については触れずに，忘れ物につながると考えられるエピソードについて，
個人面談などの機会を使って保護者と話をしてみましょう。保護者には，忘
れ物をすると子どもの学習の取り組みが難しくなること，学年が上がると忘
れ物の多さが子どもの自尊心の低下を招く可能性があることを伝えて，家庭
と学校でできるフォローを相談します。相談の中で，家庭でもぼんやりし
ていて将来が心配といった話が出るようでしたら，スクールカウンセラー
（SC）や養護教諭への相談を促し，保護者と教員がともに子どもをサポート
できる体制を作りましょう。

**Q37** 海外から外国籍の子どもが転校してきます。保護者には，日本の学校について何をどのように伝えたらよいでしょうか？

**A** 担任への回答例

　日本語が分からない状態で，海外から外国籍の子どもが転校して来る場合，保護者も子どもも大きな不安やストレスを感じて面談に来ます。まずは，あたたかい雰囲気を作って面談を行いましょう。

　国や地域によって学校教育は異なります。日本の学校の授業の様子や行事，服装や持ち物などについて，イラストや写真など，視覚的に理解を促す資料等を用いて説明をすると効果的です。

　保護者の母語が日本語でない場合は，地域によって通訳を依頼できることがあります。地域の国際交流協会などでは，母語で相談できる窓口を設置している場合があります。困ったときの相談場所を教えると保護者も安心します。

 学校の先生へのキーポイント

　日本で生まれ育った児童生徒でも，社会生活や学校生活の変化が生じる転校はストレスの原因となり得ます。日本語が分からない状態で，海外から外国籍の児童生徒が転校して来る場合，保護者も児童生徒自身も大きな不安やストレスを感じて面談に来ます。受け入れる側が，あたたかい雰囲気を作って面談を行うことが重要です。

　国や地域によって学校教育の在り方，学校文化は異なります。児童生徒にとって音楽や体育が初めての経験になることもあります。昼食を学校で食べる習慣がないこともあります。そのため面談では，日本の学校の様子を伝える必要があります。日課や学習の内容，行事などについて言葉だけの説明では十分に伝わらないことも多いので，児童生徒向けの学校紹介ビデオを見せたり，絵や写真などを用いて視覚的に説明したりすることが効果的です。登

下校時の服装や校納金（学校生活にかかるお金）についても説明をすると丁寧です。

　面談に向けては，日本語の習得状況，来日前の就学状況，日本での滞在予定期間，高等学校などへの進路希望，保護者への連絡方法，配慮事項（食べ物，アレルギーなど）など，児童生徒，保護者について把握すべき内容を事前に確認しておきましょう。

　学校などへの提出書類や学校納入金のための銀行口座の開設，体育着など学校生活で必要な物品の購入についても説明が必要になります。出身が漢字圏の国ではない外国人保護者にとっては，お店などの場所が分かるローマ字表記の地図などを用意すると理解しやすくなります。

　また，実際に転入した後の日本語指導等の支援内容・支援体制を校内で確認して保護者に説明することも必要です。日本語指導の教室が児童生徒にとっての「居場所」になり，学校生活への適応が促されることもあります。

　中学校では高等学校入試の制度について説明することも大切です。高等学校入試に向けた進路説明会に参加すると，同じ国出身の先輩の話が聞けることもあります。進路説明会などへの参加を呼びかけることも必要になります。

　児童生徒の発達の状況などから，特別支援学級での指導を検討する場合もあると思います。特別支援学級の制度がない国もあるので，入級に向けての流れや，入級後の特別支援学級での教育課程などについては可能であれば通訳を交えるなど，特に丁寧に説明をしてください。

　海外から外国籍の子どもが転校して来る場合には，あたたかな雰囲気で，保護者と児童生徒の気持ちに寄り添った説明を心がけましょう。

参考文献

文部科学省総合教育政策局男女共同参画共生社会学習・安全課（2019）.『外国人児童生徒受入れの手引改訂版』明石書店

## 執筆分担（執筆順）　　　　　　　　＊所属は 2023.3現在

鈴木　朋子　（第1部1・3，第2部 Q19・26・27・28・31・33・36）

伊東　純太　（第1部2，第2部 Q 4・6・7・8・9・12・13・16・
　　　　　　　17・37）

草場　勇樹　横浜国立大学教育学研究科，沖縄県公立小学校教諭
　　　　　　　（第2部 Q 1・2・3・5・34・35）

進藤　匡亮　横浜市教育委員会事務局学校教育企画部特別支援教育相談課指
　　　　　　　導主事
　　　　　　　（第2部 Q10・11）

塚田　啓太　横浜国立大学教育学研究科，元神奈川県立支援学校教諭
　　　　　　　（第2部 Q14・15）

竹内　理英　かながわ臨床心理オフィス臨床心理士／公認心理師，
　　　　　　　元神奈川県立総合教育センター心理士
　　　　　　　（第2部 Q18・20・22・25・32）

田近　文　　大阪府公立学校スクールカウンセラー
　　　　　　　（第2部 Q21・23・24）

神取　幸実　横浜市内児童家庭支援センター心理担当職員
　　　　　　　（第2部 Q29・30）

編者略歴

鈴木　朋子　早稲田大学人間科学部卒業
　　　　　　横浜国立大学大学院教育学研究科修了
　　　　　　横浜国立大学大学院工学研究科博士課程後期修了（学術博士）
　　　　　　関西医科大学精神神経科学講座　助教を経て
　　　　　　現在は，横浜国立大学教育学部　教授
　　　　　　専門は，臨床心理学，精神分析，心理学史（臨床心理士，公認心理師）


伊東　純太　学習院大学文学部卒業
　　　　　　横浜国立大学大学院教育学研究科修了
　　　　　　平塚市スクールカウンセラー，横浜市立中学校教諭を経て
　　　　　　現在は，横浜市教育委員会事務局学校教育企画部特別支援教育課主任指導主事
　　　　　　専門は，教育心理学，特別支援教育（臨床心理士，公認心理師）

保護者の理解と支援　教育と心理の立場から

2023年 7月 1日　初版発行

| 編著者 | 鈴木朋子<br>伊東純太 |
|---|---|
| 発行者 | 本間 博 |
| 発行所 | 田研出版株式会社<br>東京都足立区堀之内2-15-5<br>電話　03-5809-4198 |
| 印刷・製本 | モリモト印刷株式会社 |

ISBN978-4-86089-053-7 C3037
落丁本・乱丁本はお取替えいたします。